Ilija Trojanow · Juli Zeh

Angriff auf die Freiheit

Sicherheitswahn, Überwachungsstaat und der Abbau bürgerlicher Rechte

Büchergilde Gutenberg

Juli Zeh und Ilija Trojanow bedanken sich herzlich
bei Kristina Hansen für die hervorragende Recherchearbeit.

www.buechergilde.de
Lizenzausgabe für die Büchergilde Gutenberg,
Frankfurt am Main, Wien und Zürich
Mit freundlicher Genehmigung des Carl Hanser Verlags, München

Umschlagfoto: Isolde Ohlbaum, München
Reihengestaltung: Klaus Detjen, Holm
Herstellung: Thomas Pradel, Frankfurt am Main
Satz: Dörlemann Satz, Lemförde
Druck und Bindung: CPI – Ebner & Spiegel, Ulm
Printed in Germany 2009 · ISBN 978-3-7632-6258-8

Inhalt

Das Ende der Freiheit

Wenn wir Angst haben, raschelt es überall.
SOPHOKLES

FRÜH RAUS. DER Wecker klingelt. Es ist noch dunkel. Nicht gleich Licht machen, eine Minute auf dem Bettrand sitzen bleiben. Die Morgenluft einatmen. Das Fenster ist gekippt, die Tür zum Flur offen. In der Küche wartet die Espressomaschine. Wo sind die Hausschuhe? Sich strecken, aufstehen, das Licht anknipsen.

Sie ziehen den Vorhang am Küchenfenster zu, damit der Nachbar von gegenüber nicht hereinschauen kann, für alle Fälle, denn eigentlich schläft der an Wochentagen so lange wie Sie am Wochenende. Sie kochen sich einen doppelten Espresso in Ihrer großen Lieblingstasse, damit Platz bleibt für die Milch. Sie führen die Tasse zum Mund, Sie pusten ein wenig, dann nehmen Sie einen Schluck. Jetzt kann der Tag beginnen. Sie setzen die Tasse auf dem Tisch ab. Am Rand haben Sie zwei wunderschöne Fingerabdrücke hinterlassen. So scharf konturiert und vollständig wie die in Ihrem Reisepass. Oder die in den Datenbanken der *U.S. Customs and Border Protection* seit Ihrem letzten Sommerurlaub in Florida. Beruflich sind Sie viel unterwegs? Dann kennt man das Muster auf der Kaffeetasse, die Sie gerade ins Arbeitszimmer tragen, auch in Schweden, Georgien und im Jemen.

Wie jeden Morgen rufen Sie Ihre privaten E-Mails ab. Die sind schon überprüft worden – nicht nur von Ihrem Virenscanner. Sie haben noch ein paar Minuten Zeit, bevor Sie zur Arbeit müssen, also rufen Sie die eine oder andere Webseite auf – die Kripo weiß, welche, wenn sie möchte, und kann das auch in sechs Monaten noch überprüfen. Sie nehmen schnell noch eine Überweisung vor, die Ihnen gerade eingefallen ist – die zuständigen Behörden wissen, an wen.

Zum Glück heißen Sie Müller, das schützt ein wenig. Bei Ihrem Kollegen Tarik al-Sultan, der neulich zum Bergsteigen in Kaschmir war, verschickt der Computer gerade den gesamten Inhalt der Festplatte an den Verfassungsschutz. Greifen Sie etwa gerade nach dem Telefon, um mit Tarik etwas Vertrauliches zu besprechen, das nicht ins Büro gehört? Lassen Sie es lieber sein. Besuchen Sie ihn zu Hause, wenn Sie ungestört reden wollen. Es sei denn, Tarik wurde als Gefährder eingestuft, weil er regelmäßig Geld an seinen arbeitslosen Cousin in Pakistan schickt. Dann ist seine Wohnung ohnehin verwanzt.

Sie eilen zur Haustür hinaus. Die Überwachungskamera Ihres Wohnkomplexes beobachtet jeden Ihrer Schritte. Auch beim Betreten der U-Bahn-Station werden Sie gefilmt, ebenso auf dem Bahnsteig und in der Einkaufspassage, wo Sie eine Zeitung kaufen. Haben Sie schon mal versucht, vor einer Überwachungskamera unschuldig zu wirken? Das ist noch schwieriger, als auf einem gestellten Foto natürlich zu lächeln. Warum wandert Ihr Blick ständig nach oben? Zweimal haben Sie direkt in die Kamera geschaut. Und jetzt greifen Sie sich schon wieder ins Haar. Wenn das noch einmal passiert, wird die biometrische Verhaltensanalyse den Alarm auslösen. Warum sind Sie so nervös? Laut Ihrer Patientenkarte bekommen Sie seit neuestem Beruhigungsmittel verschrieben. Und die Paybackkarte verzeichnet einen erhöhten Alkoholkonsum. Sie haben am Bankautomaten wieder 1000 Euro abgehoben. Wozu brauchen Sie so viel Bargeld? Außerdem ist Ihr Stromverbrauch im letzten Monat um 12,4 Prozent gestiegen. Verstecken Sie jemanden? In der Stadtbibliothek leihen Sie sich in letzter Zeit merkwürdige Bücher aus, über zivilen Ungehorsam und die Pariser Kommune. Reichen Ihnen die historischen Schmöker nicht? Und diese regelmäßigen Zahlungstransfers nach Südfrankreich. Wofür? Warum sind Sie letzte Nacht eigentlich so lange um den Block gelaufen? Sie hatten Ihr Handy nicht ausgeschaltet – da weiß man genau, wo Sie sind.

Nach der Arbeit steigen Sie ins Auto, um etwas Persönliches zu erledigen. Verzichten Sie auf die Verwendung Ihres Navigationssystems. Andernfalls lässt sich leicht herausfinden, wohin Sie fahren. Machen Sie einen Umweg, meiden Sie die Autobahn mit den ganzen Mautstationen. Sie fragen sich bestimmt schon, warum Ihnen so hartnäckig aufgelauert wird? Warum gerade Ihnen? Es gibt doch keinen Grund, wegen dem sich irgendjemand für Sie interessieren könnte.

Sind Sie sicher?

Sind Sie absolut sicher?

Haben Sie nicht neulich gegen den G-8-Gipfel demonstriert? Dann verfügt die Polizei sogar über Ihre Geruchsprobe. Haben Sie nicht bis vor kurzem in jenem Studentenwohnheim gelebt, in dem auch ein gewisser Abu Mehsud untergekommen war? Das waren gar nicht Sie, das muss ein anderer Müller gewesen sein? Na, wenn man so heißt, liegt eine Verwechslung nahe, selber schuld. Und wie steht es mit Ihrer Lebensgefährtin, die kauft jede Menge Haarfärber, Fleckenlöser und Batterien. Das bedeutet: Wasserstoffperoxid, Azeton, Schwefelsäure! Halten Sie uns für blöd? Daraus kann jeder Idiot eine Bombe bauen. Natürlich behaupten Sie, Ihre Lebensgefährtin habe nicht vor, eine Bombe zu bauen. Das würde jeder antworten. Sollten Sie allerdings die Wahrheit sagen – wo liegt dann das

Problem? Wir helfen Ihnen doch nur, diesen leidigen Verdacht aus der Welt zu schaffen, indem wir genau hinschauen. Das muss doch auch für Sie eine Erleichterung sein.

Kein Grund zur Beunruhigung also. Alles geschieht zu Ihrem Besten. Der Staat passt auf Sie auf. Der Staat ist Ihr Vater und Ihr Beschützer. Er muss wissen, was seine Kinder treiben. Wenn Sie nichts Schlimmes verbergen, haben Sie auch nichts zu befürchten. Die Entscheidung aber, was schlimm ist, überlassen Sie bitte den Spezialisten. Bedenken Sie, dass Sie sich verdächtig machen, wenn Sie nicht alles offenlegen. Wenn Sie mitspielen, müssen Sie keine Angst haben. Wir sind nicht die Stasi oder das FBI. Sie leben in einer gesunden Demokratie. Da kann man schon ein bisschen Vertrauen von Ihnen erwarten.

Was? Der Staat soll Ihnen vertrauen? Wo kämen wir da hin! Schon das Grundgesetz sagt, dass alle Gewalt vom Volke ausgeht. Und Gewalt gilt es einzudämmen. Da sind Sie ja wohl einer Meinung mit dem Innenministerium.

Gehen Sie nur, Ihr Schatten bleibt hier. Man hört, sieht und liest von Ihnen.

Achtung bitte, wir unterbrechen diesen Text für eine wichtige Durchsage: Dies ist keine Science-Fiction. Wir wiederholen: *keine* Science-Fiction. Dies ist nicht *1984* in Ozeanien, sondern das Jahr 2009 in der Bundesrepublik. Falls Sie sich immer noch nicht verdächtig fühlen – herzlichen Glückwunsch. Sie sind ein unbeugsamer Optimist. Wollen wir hoffen, dass Sie nicht soeben durch den Kauf dieses Buchs zu einem verdächtigen Optimisten geworden sind.

Erstes Kapitel
Raus aus dem Topf

> Wer die Freiheit aufgibt, um Sicherheit zu gewinnen, der wird am Ende beides verlieren.
> BENJAMIN FRANKLIN

NEHMEN WIR EINMAL an, Sie, lieber Leser, sind im Westen der Republik geboren, irgendwann zwischen – sagen wir – 1950 und 1990. Sie wurden hineingeboren in eine Gesellschaft, die sich für freiheitlich und demokratisch hält. In der Schule haben Sie in allen Fächern außer in Mathematik das »Dritte Reich« durchgenommen, und wenn es überhaupt ein universelles Gesetz gab, dann lautete es: So etwas soll bei uns *nie wieder* geschehen. Nie wieder wollen wir Menschen zu Nummern machen. Nie wieder wollen wir per Kategorisierung zwischen wertvollen Bürgern und Feinden der Gesellschaft unterscheiden. Wir wollen keine Geheimpolizei, die ihren eigenen Gesetzen folgt. Wir wollen nie vergessen, was es bedeutet, wenn Menschen zu Objekten totalitärer Machtausübung werden. Deshalb, so hat man es Ihnen beigebracht, müssen die demokratischen Freiheiten, die wir genießen, jetzt und für alle Zukunft vom kritischen Bewusstsein der Bürger geschützt werden. Jeder ist berufen, sich für Pluralismus und Rechtsstaatlichkeit einzusetzen und das Grundgesetz nicht nur als geltendes Recht, sondern als Wertordnung zu begreifen. Diese Lektion, meinen Sie, wurde in unserem Land gründlich gelernt.

Sind Sie sicher?

Nehmen wir an, Sie, lieber Leser, sind im Osten Deutschlands geboren. In einem System, das sich ebenfalls freiheitlich und demokratisch nannte. Doch Sie haben staatliche Repressalien selbst erlebt. Sie haben sich gewünscht, in Ihrer Wohnung ein offenes Gespräch führen zu können, ohne die Musik bis zum Anschlag aufzudrehen. Sie haben davon geträumt, nicht an fahnenschwenkenden Manifestationen teilnehmen zu müssen. Sie hätten viel dafür gegeben, unabhängig von unfähigen Parteibonzen Karriere zu machen. Sie wollten nicht auf schwarzen Listen geführt werden, Sie hatten die Nase voll von einem Staat, der Sie als Feind behandelte und Politik als Krieg gegen den Bürger verstand. Sie träumten von einer Gesellschaft ohne Überwachung und Verdächtigung, von einem Miteinander ohne Bespitzelung und Verrat. Wahrscheinlich haben Sie besser als manch einer aus dem Westen begriffen, was mit freiheitlichen Werten gemeint ist. Vielleicht haben Sie sich auch »Nie wieder!« geschworen. Mit der Wende hat sich für Sie ein Traum erfüllt.

Sind Sie sicher?

Die Anschläge vom 11. September 2001 waren spektakulär in ihrer Scheußlichkeit. Sie versetzten manche Staaten in einen Schockzustand, der seitdem für immer weitere schockierende Folgen sorgt: Der Wertekanon, den man in Deutschland und erst recht in älteren Demokratien wie Großbritannien oder Frankreich für verfestigt gehalten hatte, erwies sich mit einem Mal als flüchtig. Grundlegende Auffassungen von bürgerlicher Freiheit wurden wie Ballast über Bord geworfen. Ein Grundrechtsstandard, den wir als eine unserer größten Stärken betrachtet hatten, erschien plötzlich als Sicherheitslücke. Zivilisatorische Errungenschaften, die über Jahrhunderte erkämpft und erstritten worden sind, wurden im Handumdrehen entsorgt. Zur Bekämpfung der »terroristischen Bedrohung«, die seit langem bekannt, nur niemals zuvor so medial sichtbar gewesen war, ergingen grundrechtsbeschränkende Maßnahmen, deren Durchsetzung kurz zuvor niemand für möglich gehalten hätte.

In den ersten Jahren nach dem 11. September 2001 waren die Zeitungen voll mit Warnungen vor dem Terrorismus, doch es gab kaum eine nennenswerte öffentliche Debatte über die Erweiterung der staatlichen Machtbefugnisse. Noch in den Achtzigern hatte eine geplante Volkszählung in Deutschland Massenproteste ausgelöst, weil viele Menschen eine Aktualisierung der Meldedaten als unerträglichen Eingriff in ihre persönliche Freiheit empfanden. Zwei Jahrzehnte später protestierte so gut wie niemand dagegen, dass jeder Bürger dem Staat seine Fingerabdrücke überlassen soll, obwohl es dabei offensichtlich nicht um die Fälschungssicherheit von Pässen, sondern um die Errichtung einer europaweiten Datenbank geht.

Was ist passiert? Wirkt eine Verteidigung der individuellen Freiheit seit den schrecklichen Bildern aus New York wie kleinliches Beharren auf einer zu großzügigen Verfassung, wenn nicht gar als Angriff auf die staatliche Sicherheit? Sind prognostizierte Schreckensszenarien für die Massenmedien so viel interessanter und glaubhafter als die realen Einschränkungen unserer Grundrechte? So oder so liegt der traurige Verdacht nahe, dass es mit der Verinnerlichung freiheitlicher Ideale nie so weit her war, wie wir dachten. Die Erfolgsbilanz politischer Aufklärung nach dem Ende eines Jahrhunderts der Totalitarismen sieht trist aus.

Obwohl das Bundesverfassungsgericht in einmaliger Weise einem Gesetz nach dem anderen den grundrechtlichen Riegel vorschiebt und dadurch die kritische Auseinandersetzung mit dem demokratischen Selbstverständnis befördert, hat sich am Tempo der sicherheitspolitischen Entwicklungen nichts geändert. Während in den Schulen immer noch die Idee vom alten Rechtsstaat gelehrt wird, findet draußen der große Umbau statt. Dieser Vorgang umgibt sich mit einer Aura der Unvermeidlichkeit. Gutmütig wie eine Kuh schaut der Bürger den angeblich zwingend notwendigen Entwicklungen zu und käut die dazugehörigen Argumentationen wieder: Anders als durch Freiheitsbeschränkung sei »Sicherheit« nicht zu gewährleisten, und der »unschuldige Bürger« sei von den Veränderungen doch ohnehin nicht betroffen. Unaufgelöst bleibt ein grundlegendes Dilemma, das bei ruhigem Abwägen der Sachverhalte unweigerlich zutage tritt: Kann man ein Wertesystem verteidigen, indem man es abschafft?

Wer jetzt aufsteht und sagt: »Es reicht! Ihr schlagt etwas kaputt, das sich nicht mehr reparieren lässt!«, wer jetzt mit kindlicher Unschuld ausruft: »Der Innenminister ist nackt!«, der wird mundtot gemacht. Grundrechtsalarmist! Rechtsstaatshysteriker! Es sei doch lächerlich zu glauben, die paar Veränderungen der letzten Jahre gefährdeten schon die Demokratie! Manchmal wird sogar behauptet, jene Stimmen, die vor der Überwachungsgesellschaft warnen, seien von der typischen deutschen Krankheit der Staatsverächtung gezeichnet – was die letzten fünf Jahrhunderte deutscher Untertanengeschichte auf den Kopf stellt. Oder man wirft ihnen eine Art Wehrkraftzersetzung vor, weil sie die Fähigkeit des Staates schwächten, sich gegen den Terrorismus zu wehren. Ausgerechnet den Skeptikern des gesteigerten staatlichen Kontrollbedürfnisses wird ungerechtfertigtes Misstrauen gegenüber den Behörden unterstellt – dabei zeigen vielmehr die Forderungen der Behörden nach immer mehr Eingriffsmitteln ein tiefsitzendes Misstrauen. Der Bürger soll auf die guten Absichten des Staates vertrauen, während der Staat den Bürger auf Schritt und Tritt überwacht. Wenn aber der Staat glaubt, sich gegen seine eigenen Bürger verteidigen zu müssen, ist manches in Schieflage geraten.

Niemand kann mit Sicherheit sagen, wann eine Demokratie untergeht, wann ein Rechtsstaat zur leeren Hülle verkommt. Es gibt kein Maßband, keine Stoppuhr, keinen Lackmustest. Nirgendwo warnt ein Schild: »Vorsicht! Sie verlassen jetzt den demokratischen Sektor!«

Im historischen Rückblick mag es im jeweiligen Fall offensichtlich scheinen, ab welchem Punkt die Freiheit irreversibel beschädigt wurde – im Falle des Nationalsozialismus etwa durch das Ermächtigungsgesetz vom 24. März 1933. Dann wird in die Vergangenheit hineingefragt: »Wie konntet ihr das drohende Unheil nicht erkennen? Das musstet ihr doch kommen sehen! Warum habt ihr euch nicht gewehrt?« Und als Antwort hören wir nur das schwindelerregende Schweigen angesichts des scheinbar unaufhaltsamen Laufs der Dinge.

Eine treffende Selbstdiagnose aus der Mitte des unmittelbaren Geschehens heraus ist ein Ding der Unmöglichkeit. Uns Zeitgenossen fehlt es am notwendigen Abstand; es fehlt schlicht an Kenntnissen über den zukünftigen Verlauf der Ereignisse. Die Folgen politischer Entwicklungen treten mal langsamer, mal schneller ein, stets aber aufeinander aufbauend, sich gegenseitig beeinflussend und daher vielschichtig.

Weil sich die Freiheit eben nicht mit einem Paukenschlag verabschiedet, krankt jedes gut funktionierende System daran, dass sich seine wohlmeinenden Anhänger in (falscher) Sicherheit wiegen. Sie vergessen, dass sie ihre Freiheit nicht etwa vom Staat erhalten, sondern dass sie, im Gegenteil, einen Teil ihrer Rechte an den Staat abgeben. Freiheit ist kein Geschenk der Obrigkeit, sondern ein Grundzustand der Natur oder eine Gabe Gottes, je nachdem, welche Schöpfungsgeschichte Sie bevorzugen. Freiheit ist kein Bonus, keine Prämie, kein dreizehntes Monatsgehalt. Sie geht unserem Staatsverständnis voraus.

Wären die Streiter für Gerechtigkeit und Freiheit so gut organisiert wie die Gegenkräfte, sähe die Menschheitsgeschichte anders aus. Wenn Millionen von Menschen auf die Straße gegangen wären, um ihre Grundrechte zu verteidigen, wäre es zu keinem der Überwachungs- und Kontrollgesetze der letzten Jahre gekommen. Es ist die Aufgabe eines jeden Bürgers, regelmäßig auszuloten, ob da, wo Freiheit draufsteht, tatsächlich noch Freiheit drin ist.

Wir können uns gegen alles wehren, was uns der Staat zumuten will. Das ist die Essenz freiheitlicher Gesellschaften. Alle Rechte, die wir heute – etwa im Umgang mit Gerichten, mit der Polizei und anderen Behörden – genießen, sind Folge von individueller Skepsis und gemeinschaftlichem Widerstand, seit Jahrhunderten. Sie wurden erfochten von Menschen, deren Namen wir auf Straßenschildern wiederfinden und an die wir, wenn überhaupt, in Sonntagsreden beiläufig erinnert werden. Diese Menschen haben für die Überwindung entrechteter Versklavung oft genug mit ihrem Leben, ihrer Gesundheit oder ihrem Glück gezahlt. Als Nutznießer dieser Opfer tragen wir eine Verpflichtung gegenüber dem Erkämpften. Wir dürfen uns nicht leichtfertig die Butter vom Brot nehmen lassen, nur weil sie ein Geschenk unserer Vorfahren ist. Das Erreichte stellt keine Konstante dar; das einmal Errungene kann schnell wieder verschwinden. Freiheit ist ein Wert, der von jeder Generation, von jedem Einzelnen neu erkämpft und verteidigt werden muss. Auch von uns.

Ein Frosch, der in einen Topf mit heißem Wasser geworfen wird, springt sofort wieder heraus, wenn er kann. Doch setzt man ihn in kaltes Wasser und erwärmt den Topf gleichmäßig, bleibt er ruhig sitzen, bis er stirbt.

Wir haben in unserer Geschichte genügend Frösche als warnende Beispiele vor Augen. Wenn wir uns jetzt nicht wehren, werden wir späteren Generationen nur schwer erklären können, warum wir nicht in der Lage waren, ihnen eine Freiheit zu vererben, die wir einst selbst genossen. Seit acht Jahren schauen wir wie gelähmt zu, was in und mit unserem Land passiert, während man uns einzureden versucht, die Lehren des 20. Jahrhunderts hätten im 21. Jahrhundert nichts mehr zu bedeuten. Raus aus dem Topf!

Zweites Kapitel
Der lange Weg zum Grundrecht

Fortschritt ist die Verwirklichung von Utopien.
OSCAR WILDE

WÄHREND DER LÄNGSTEN Zeit in unserer Geschichte war ein Großteil der Menschen zu Knechtschaft und Unterdrückung verdammt. Diesen Missstand zumindest in manchen Regionen der Welt überwunden zu haben, ist eine der größten Leistungen der Menschheit. Die Idee der universellen, unveräußerlichen und unteilbaren Rechte ist nicht nur eines der wertvollsten Geschenke früherer Generationen an uns, sondern eine wichtige Grundlage, um in Zukunft immer wieder für eine freiheitliche und gerechte Welt zu streiten.

Auch wenn Philosophen die Vorstellung von der natürlichen Freiheit des Einzelnen schon in der Antike formulierten, sind die Rechte des Einzelnen, ob Menschen-, Bürger- oder Grundrechte, nicht vom Himmel gefallen. Während die meisten Religionen der Überzeugung Ausdruck gaben, vor Gott seien alle Menschen gleich, waren die Unterschiede zu Lebzeiten umso größer: Als König oder Tagelöhner kam man zur Welt, ohne Chance, durch persönliche Anstrengung etwas an der eigenen Situation zu ändern.

In der christlich-römischen Antike war die Freiheit des Individuums kein Allgemeingut, sondern ein Privileg der Oberschichten. Der Freiheitsbegriff wurde philosophisch untersucht, ohne zum politischen Ideal erhoben zu werden. Einen ersten Schritt in Richtung eines politischen Grundrechts erfuhr die Freiheit im Glauben des Judentums, das mit dem Auszug aus Ägypten eine grundsätzliche Anerkennung der persönlichen Freiheit für jedes Mitglied des Volkes Israel verband. Das frühe Christentum hingegen verlagerte die Idee von Freiheit im Wesentlichen in eine jenseitige Welt, während der Mensch auf Erden vor allem »innerlich« frei werden konnte von den Zwängen des Lebens.

Unter Nomaden und in Stammesgesellschaften gab es immer wieder herrschaftsfreie Gemeinschaften, in denen der Einzelne allen anderen gleichgestellt war und Entscheidungen im Verbund getroffen wurden. Nachdem sich aber Sesshaftigkeit und Agrarwirtschaft etablierten und staatliche Strukturen entstanden, konzentrierte sich die Macht in den Händen einiger weniger, die über das Recht selbst richteten, während die große Mehrheit der Bevölkerung entrechtet blieb. *Quod licet Iovi, non licet bovi* – was Jupiter darf, darf ein Rindvieh noch lange nicht, lautete die römische Maxime. Die Herrschenden konnten über Leben, Freiheit und Eigentum der Untertanen nach Belieben verfügen, sie mussten ihre Entscheidungen nicht rechtfertigen. Die Leidtragenden konnten weder Einspruch einlegen, noch eine Rücknahme erwirken. Sklaverei, Fronarbeit, Zwangsdienst waren selbstverständlich. Selbst wer zum Hofstaat gehörte, also zu den Privilegierten zählte, war seines Lebens nicht sicher, wie die berühmten Beispiele von Petronius und Seneca, Thomas Morus und Walter Raleigh beweisen. Aus der generellen Unfreiheit resultierte eine tägliche existenzielle Unsicherheit, die das Leben fast aller bestimmte.

Die sprachliche Wendung im Deutschen, dass Willkür »herrsche«, bringt die inhärente Gewalt solcher Machtverhältnisse auf den Punkt: Wo sich Herrschaft entfaltet, droht schrankenlose Willkür. Dieser Willkür einen Riegel vorzuschieben, war das zentrale Anliegen einer Reihe fortschrittlicher Denker, von Aristoteles über Avicenna, Spinoza, Locke, de Montesquieu, Rousseau bis Kant. Die Aufklärung wollte den Menschen nicht nur aus seiner geistigen, sondern auch aus der staatlich erzwungenen Unmündigkeit herausführen. Parallel zu den Stürmen im Studierzimmer forderten unzählige revolutionäre Aufstände und Reformbemühungen (darunter die Bauernkriege, die amerikanische Unabhängigkeitserklärung von 1776 sowie die »Federalist Papers« von 1787/88, die Französische Revolution und die Revolutionen des Jahres 1848) immer wieder die Staatsgewalt heraus und banden sie schließlich an Prinzipien, die kurz zuvor unvorstellbar gewesen waren: an Grundrechte, an die Gewaltenteilung und an Legitimation durch demokratische Mitwirkung statt Gottesgnadentum.

Mit diesem kurzen Abriss wollen wir keinen Nachhilfeunterricht in Geschichte geben, sondern daran erinnern, dass unsere Grundrechte, die heute gemeinhin als eine Selbstverständlichkeit gelten, einen jahrhundertelangen Weg hinter sich haben. Vergangene Generationen haben für eine bessere Zukunft gekämpft. Wir *sind* diese bessere Zukunft und stehen in der Verantwortung, uns an die Ursprünge unserer Privilegien zu erinnern, um sich ihrer würdig zu erweisen. Dass dies in der heutigen Zeit bisweilen schlecht gelingt, zeigt sich in erschreckender Deutlichkeit am Beispiel des Schutzes vor willkürlicher Verhaftung. Dieses Grundrecht hat eine besonders eindrucksvolle Genese.

Als im England des 13. Jahrhunderts wieder einmal der Adel gegen die Krone rebellierte, ging es wie so oft um Geld. Im Kampf gegen überhöhte Abgaben trotzten die Adligen dem englischen König Johann ein Dokument ab, das als »Magna Charta« von 1215 in die europäische Verfassungsgeschichte einging. Unter den 63 Artikeln der Charta liest sich besonders einer erstaunlich modern. In Artikel 39 heißt es: »Kein freier Mann soll verhaftet, gefangengesetzt, seiner Güter beraubt, geächtet, verbannt oder sonst angegriffen werden; noch werden wir ihm etwas zufügen oder ihn ins Gefängnis werfen lassen, es sei denn durch das gesetzliche Urteil von seinesgleichen oder durch das Landesgesetz.«

Die ungerechtfertigte Verhaftung demonstriert seit jeher am eindrücklichsten die Ohnmacht Einzelner gegenüber dem Staat. Noch rund vierhundert Jahre später missbrauchte der englische König Karl I. seine sogenannten *Habeas-corpus*-Befugnisse (»Du sollst den Körper haben«), nämlich das Recht zur Ausstellung von Haftbefehlen, um von wohlhabenden Bürgern Geldzahlungen zu erpressen. Im Jahr 1679 erzielte der Kampf um die allmähliche Befreiung des Individuums in Großbritannien einen historischen Erfolg, nämlich durch den Erlass des *Habeas Corpus Amendment Act*. Inhaftierte mussten nun binnen drei Tagen einem Richter vorgeführt werden und durften keinesfalls außer Landes gebracht werden.

Kein freier Mann sollte jemals wieder jenes Schicksal erleiden, das später literarisch Kafkas Josef K. widerfuhr, der eines Morgens verhaftet wurde, »ohne dass er etwas Böses getan hätte«. Man braucht nicht viel Phantasie, um sich den Albtraum auszumalen, willkürlich aus seinem normalen Leben herausgerissen und ins Gefängnis geworfen zu werden. Dementsprechend hat der Schutz vor willkürlicher Verhaftung Eingang in die wichtigsten Menschenrechtsdokumente gefunden. Die »Erklärung der Menschen- und Bürgerrechte«, welche 1789 im Zuge der Französischen Revolution verkündet wurde, enthält ihn in Artikel 7. Einen Monat später machte die amerikanische »Bill of Rights« ihn zu einem einklagbaren Recht. Weitere zwei Jahrhunderte später sind moderne Rechtssysteme ohne den Schutz vor willkürlicher Verhaftung nicht mehr vorstellbar. Die Europäische Menschenrechtskonvention verankert dieses Recht in Artikel 5, das deutsche Grundgesetz in Artikel 104, die Allgemeine Erklärung der Menschenrechte der UNO in Artikel 9.

Und dann? Am 18. Dezember 2007 wurde in New York eine originale Abschrift der »Magna Charta« für 21 Millionen US-Dollar versteigert – während das in ihrem Artikel 39 formulierte Recht im modernen Amerika bereits nicht mehr für alle galt. Ein Jahr zuvor hatte George W. Bush den *Habeas-corpus*-Schutz für sogenannte »feindliche Kombattanten« außer Kraft gesetzt. Wer ein feindlicher Kombattant ist und wer nicht, das entscheidet die Exekutive und nicht etwa ein Richter; wirksame Rechtsmittel gegen diese Entscheidung gibt es nicht. Wenn die neue amerikanische Regierung unter Barack Obama nun ankündigt, den Begriff des »feindlichen Kombattanten« nicht mehr verwenden zu wollen, heißt das nicht, dass sich an der einschlägigen Praxis der Verhaftung und Festsetzung von »Unterstützern« des Terrorismus etwas ändert. Wie sein Vorgänger will Obama bei der Terrorismusbekämpfung das Kriegsrecht anwenden, wogegen die Gerichte weitgehend machtlos sind. Fast achthundert Jahre nach Erlass der Magna Charta herrscht – Willkür.

Etwas weniger drastisch, aber leider nicht weniger dramatisch zeigt sich die Entwicklung in anderen Bereichen des Grundrechtsschutzes. Noch heute brandet in den Theatern der Republik regelmäßig Szenenapplaus auf, wenn der Marquis von Posa im *Don Carlos* fordert: »Geben Sie Gedankenfreiheit!« Offenbar spürt auch noch ein Publikum im 21. Jahrhundert, was dieser Ausruf zu Schillers Zeiten bedeutete. Es ist noch nicht allzu lange her, dass die Äußerung und Niederschrift von politischen Gedanken fortschrittliche Autoren, Denker und Revolutionäre ins Gefängnis oder gar ins Grab bringen konnte. In großen Teilen der Welt besteht diese Gefahr noch immer. Gerade weil der Mensch zu eigenständigem Denken befähigt ist, lag es stets im existenziellen Interesse autoritärer Staatsapparate, kritischen

Gedanken auf die Schliche zu kommen. Diese staatliche Neugier zu begrenzen, stand auf allen progressiven Bannern geschrieben.

Durch den Fortschritt der Kommunikationstechnologie im 20. Jahrhundert hat die Forderung aus dem *Don Karlos* neue Aktualität gewonnen. Vor der Erfindung von Telefon und Internet nahm der Schutz der Privatsphäre beim Kampf für Bürgerrechte eine zweitrangige Rolle ein. Es war vergleichsweise einfach, die Freiheit des Denkens zu schützen. Solange Fremde keinen Zugang zu den privaten vier Wänden hatten und das Briefgeheimnis galt, konnte sich der Einzelne in ein unverletzliches Zuhause zurückziehen.

In Deutschland wurde das Briefgeheimnis schon früh (zuerst 1690 und dann 1712 in der »Allgemeinen Preußischen Postordnung«) gewährleistet. Wer dagegen verstieß, wurde hart bestraft. Die französische Nationalversammlung nahm als Erste das Briefgeheimnis in die Liste der Grundrechte auf.

Aufgrund dieser politischen Errungenschaften galt: »Die Gedanken sind frei«, wie es in einem alten Volkslied heißt, dessen bekannteste Version von Hoffmann von Fallersleben stammt, der auch die bundesdeutsche Nationalhymne verfasst hat. Heute allerdings müsste die anschließende Frage »Wer kann sie erraten?« neu beantwortet werden: nämlich jeder, der über die technische Möglichkeit verfügt, die E-Mails eines anderen zu lesen. Dem im Rückblick geradezu niedlich wirkenden Briefgeheimnis ist im Laufe der Jahre eine veränderte Bedeutung zugekommen. Kein anderes Grundrecht wurde so oft erweitert, um mit den technischen Entwicklungen Schritt zu halten, vom Fernmeldegeheimnis bis zum modernen Datenschutz. Angesichts einer zunehmend gläsernen Existenz wird es immer schwieriger, das *house* als *castle* zu verteidigen. Heute, am Anfang des 21. Jahrhunderts, zeigt sich der Schutz von Privatsphäre und persönlicher Kommunikation in völlig neuer, zentraler Bedeutung für das Fortleben der demokratischen Gesellschaft.

Wieder muss dieses Grundrecht verteidigt werden gegen den Zugriff von Politikern, die uns weismachen wollen, solche Rechte seien in der Gegenwart überflüssig geworden. Im Gegenteil sind sie gerade angesichts einer rasanten technologischen Entwicklung, die noch lange nicht abgeschlossen ist, notwendiger denn je.

Noch bleibt die Sensibilität der Bürger weit hinter der Tragweite des Problems zurück. Kaum jemand macht sich klar, dass jede verschickte E-Mail einem unverschlossenen Brief gleicht, der weltweit von jedem Interessierten mit Internetzugang eingesehen werden kann. Man stelle sich vor, zuzeiten des guten, alten Briefgeheimnisses hätte eine Regierung verlangt, von jeder einzelnen Postsendung eine Kopie anzufertigen und diese in riesigen Archiven aufzubewahren, um sie bei Bedarf lesen zu können! Ein solches Ansinnen wäre streng verurteilt worden. Nichts anderes aber plant die Regierung Großbritanniens mit dem Einsatz sogenannter »Black Boxes«, die jede E-Mail und jeden Website-Zugriff speichern sollen. Die geplante Megadatenbank trägt den edlen Namen »Intercept Modernisation Programme«. Schon bislang darf der britische Geheimdienst alles abhören und speichern, braucht dafür aber jeweils eine Erlaubnis des Innenministers, die allein im Jahr 2007 etwa 500 000-mal angefordert wurde. Eine derart umfassende Kontrolle hat es noch nie gegeben, nicht unter Nero, Henry VIII., Louis XIV., Napoleon, Franco, nicht einmal unter Hitler oder Stalin. Das heutige Großbritannien, Wiege der modernen Demokratie, ist nur noch einen administrativen Schritt vom größten Überwachungsstaat aller Zeiten entfernt.

Aber das, heißt es, geschehe ja nur zu unserem Schutz. »Freiheit« dürfe doch nicht als eine Freiheit zur Begehung von Straftaten missverstanden werden. Natürlich: Indem sich »Freiheit« zum zentralen Begriff der Gesellschaftslehre entwickelte, intensivierte sich auch die Diskussion, welche Grenzen dieser

Freiheit gesetzt werden müssten, damit die Freiheit eines Menschen nicht die anderer bedrohe. Aber obwohl die meisten Denker für eine Beschränkung der Handlungsfreiheit eintraten, um Schaden von anderen abzuwenden, forderten sie mit gutem Grund, einen gewissen persönlichen Freiraum unter allen Umständen zu garantieren. Die Wahrung eines solchen Intimbereichs ermögliche erst die Entfaltung des Menschen in seiner ganzen Eigenwilligkeit – und damit seine Würde. John Stuart Mill vertrat die Auffassung, die Zivilisation selbst hänge von diesen Grundsätzen ab, denn ohne freien Gedankenaustausch komme die Wahrheit nicht ans Licht, gebe es keinen hinreichenden Raum für Spontaneität, Originalität, Widerspenstigkeit, woraus der Geist und das Denken schöpften. Aus Vielfalt würde Konformität, die nur »beschränkte und bornierte, verkrampfte und verkrümmte Menschen« hervorbringe. Mill ging noch einen Schritt weiter: »Alle Irrtümer, die ein Mensch wider besseren Rat und Warnung begehen kann, sind bei weitem nicht so schlimm wie Verhältnisse, in denen andere ihn zu etwas zwingen können, das sie für gut halten.« Damit benannte Mill ein Prinzip, das bis zum heutigen Tag für Emotionen und Streit sorgt.

Die Frage nach den zulässigen Grenzen der Freiheit wird sich niemals abschließend beantworten lassen – gerade ihre vermeintliche Beantwortung wäre ein untrügliches Zeichen für eine Gleichschaltung der Gedanken. Zu welchem Ergebnis eine Gewichtung kommt, hängt nicht unwesentlich davon ab, welches Menschenbild man vertritt. Wer, wie etwa Thomas Hobbes, dem Menschen alles Böse zutraut, wird Überwachung und Abschreckung verschärfen und durch staatliche Allmacht die freiheitliche Sphäre des Einzelnen reduzieren wollen. Wer jedoch, wie etwa John Locke, den Gemeinsinn des Menschen für bestimmend hält, wird den Privatbereich vor dem Zugriff der Autorität schützen, als eine Keimzelle gesellschaftlicher Verträglichkeit und Entwicklung.

Jenseits dieser unterschiedlichen Ansätze existiert jedenfalls ein unbestreitbarer Erfahrungswert: Die totalitären Systeme des 20. Jahrhunderts haben nicht nur der Schreckensvision Mills vom »kollektiven Mittelmaß« recht gegeben, sondern alle konservativen Kontrollphantasien seit Hobbes diskreditiert. Denn die Auswirkungen staatlicher Übermacht haben sich als unendlich viel schlimmer erwiesen als jede individuelle Verfehlung.

Und trotzdem scheint es, als hätten wir am 11. September 2001 weltweit den Zenit des Bürgerrechtsschutzes überschritten. Grundrechte werden abgebaut, als sei das Fest der Freiheit vorüber. Ironischerweise bewegen sich gerade die USA und Großbritannien, Vorreiter in der Entwicklung des Grundrechtsschutzes, auch bei seiner Demontage an vorderster Front. Aber auch andere europäische Länder erweitern massiv die Befugnisse von Polizei und Geheimdiensten, schränken die Rechte von Verdächtigen ein, entmenschlichen das Gerichtssystem, weil der »Feind« keine Rechte haben soll.

Wenn inflationär von »Terrorverdächtigen« gesprochen wird, zeigt schon die Sprache an, wohin die Reise geht. Eigentlich sind Verdächtige nach unserer Rechtsauffassung immer auch Unschuldige (die Unschuldsvermutung ist eine weitere Errungenschaft des Kampfes um freiheitliche Werte). Aber die erste Hälfte des Begriffs (»Terror«) weist schon in Richtung Gewahrsam, Sondergericht und Folter. Da die NATO-Staaten einen »Krieg gegen den Terror« führen, der als Kampf gegen einen amorphen Gegner endlos sein muss, ist ein »Terrorverdächtiger« bereits ein Krimineller, der unser Leben und unsere Welt bedroht. Das Wort, so aggressiv wie seine Suggestion, setzt die Menschenrechte in Klammern. Als hätten achthundert Jahre Grundrechtsgeschichte ihre Bedeutung verloren.

Verschlimmert wird die Entwicklung durch einen um sich greifenden Fatalismus, der die Beschneidung der Freiheiten als historisches Schicksal akzeptiert. Es existiert wohl kaum ein destruktiveres Dogma als die Idee, was geschehe, sei unaufhaltsam und jeder Widerstand gegen den Zwang der Geschichte naiv, da zwecklos. Sicherheitspolitiker argumentieren im Licht dieser Auffassung, wenn sie behaupten, dass weiterreichende Eingriffsbefugnisse, die in anderen Staaten bereits bestehen, aus Gleichstellungsgründen auch bei uns eingeführt werden müssten. Ebenso verbreitet das Vorgehen der Europäischen Union jene falsche Aura der Unvermeidlichkeit. Wenn der Justizkommissar der EU seine Pläne zur Errichtung von zentralen EU-Datenbanken und Flugpassagierregistern am Rand des Lissabon-Gipfels vorstellt, während die Medien mit der Berichterstattung über den Lissaboner Vertrag beschäftigt sind, und wenn der Innenausschuss des Europaparlaments dazu hinter verschlossenen Türen tagt, wird fernab der Öffentlichkeit der nächste Schritt zur Abschaffung der Privatsphäre vorbereitet. Eines Tages landet dann die nächste zwingende Sicherheitsrichtlinie oder -verordnung bei den nationalen Parlamenten, und die Politiker zucken die Achseln und verweisen auf die Umsetzungspflicht. Es entsteht der Eindruck, wir könnten nicht mehr selbst entscheiden, wie wir in unseren Gesellschaften zusammenleben wollen.

Sechs friedliche Jahrzehnte haben dafür gesorgt, dass die Bürger die Grundrechte nicht mehr als schützenswertes Allgemeingut, sondern als eine Sammlung von Privatansprüchen auf persönliche Bedürfnisbefriedigung missverstehen. Jeder, der sich vom Leben ungerecht behandelt fühlt, besinnt sich auf seine »Grundrechte« wie auf einen Forderungskatalog, den Millionen nörgelnder Einzelkinder ihrem »Vater Staat« entgegenhalten. In Wahrheit sind die Grundrechte ihrer Konzeption nach keineswegs Gutscheine auf persönliche Fürsorge, sondern ein Abwehrschirm gegen staatliche Eingriffe. Die individuelle Freiheit wird nicht geschützt, um dem Bürger X oder Y einen Gefallen zu tun. Die Grundrechte sind Ordnungsprinzipien, die eine Gesellschaft so organisieren, dass sie sich in demokratischen Verfahren durch ihre Repräsentanten selbst regieren kann. Es ist ein Irrtum, wenn der Einzelne glaubt, mit den Entscheidungen in Brüssel, Washington, London oder Berlin habe er nichts zu tun, solange immer nur von »Terroristen« die Rede ist. Wer sich nur dann an seine Grundrechte erinnert, wenn er sich persönlich geschädigt fühlt, hat entweder nicht verstanden, worum es geht, oder zeigt sich schlicht verantwortungslos.

Was für einen Wert die Grundrechte tatsächlich für uns haben und wie viel wir ihrer Entwicklung verdanken, gerät zunehmend in Vergessenheit. Schnulzige Schmöker verklären die Aristokratie; Blockbuster legitimieren Folter und das Recht des Stärkeren. Neuerdings, da das Wort Utopie als Schimpfwort gebraucht wird, lohnt es sich, über Oscar Wildes Satz nachzudenken, dass »Fortschritt nur umgesetzte Utopie« sei. Noch vor gar nicht allzu langer Zeit wäre die Vorstellung, alle Menschen könnten gleich viel wert sein, als lächerliches Wunschdenken abgetan worden. Wir Europäer sind, im Gegensatz zu vielen anderen Menschen auf der Welt, Nutznießer einer in Erfüllung gegangenen Utopie. Nun ist es an uns, das Erreichte zu erhalten und eine neue Vision, nämlich jene vom Schutz der persönlichen Freiheit im Kommunikationszeitalter, umfassend zu verwirklichen.

Drittes Kapitel
Von jenen, die auszogen, das Fürchten zu lehren

Sicherheit ist des Unglücks erste Ursache.
DEUTSCHES SPRICHWORT

WIR HATTEN ANGST. Morgens wachten wir auf, dachten an den Eisernen Vorhang und fragten uns, was Böses gegen uns ausgeheckt werde. Zeitungen berichteten von Jugendlichen, die vor lauter Sorge nicht mehr schlafen konnten. Hunderttausende Menschen gingen auf die Straße, um gegen Atomwaffen zu demonstrieren.

Wir lebten in der festen Überzeugung, dass unser Land im Fall des Ausbruchs eines dritten, höchstwahrscheinlich atomaren Weltkriegs zum Schlachtfeld werden würde. Als Kinder lernten wir in der Schule, uns bei Giftgasangriffen einen mit Backpulver bestreuten Waschlappen vors Gesicht zu pressen. Wohlhabende Familien bauten die Keller ihrer Villen zu Bunkern um und verstauten dort Konservensuppen und Milchpulver. In Filmen und Romanen wurde die nukleare Vernichtung der Welt vorweggenommen. Spätestens seit dem Ausbruch der Kubakrise fürchteten viele, das 21. Jahrhundert nicht mehr zu erleben.

Kann sich heute noch jemand an dieses Lebensgefühl erinnern? Wenn die Propheten des Untergangs im Jahr 2009 das Ende der westlichen Zivilisation voraussagen und von der massiven Bedrohung unserer Kultur durch Selbstmordattentäter sprechen – denkt da noch jemand daran, wie es sich lebte, als amerikanische und sowjetische Atomraketen auf deutschem Boden standen?

Mit der Wende der Jahre 1989/90 hat sich für uns Entscheidendes geändert. Unser Land ist nicht länger ein potenzielles Schlachtfeld für einen möglichen Weltkrieg. Aus zwei gewaltsam geteilten deutschen Staaten ist wieder einer geworden. Ein Jahrzehnt lang haben viele Menschen gehofft, dass sich für die Welt im Ganzen etwas zum Besseren wenden könnte. Der Zusammenbruch des Blocksystems bot die einmalige Chance, die Welt nach einem System zu ordnen, das auf freiwilligem Austausch und Verhandlungen statt auf Abschreckung und allseitiger Angst vor Vernichtung basiert. Nach dem Kalten Krieg war weltweit ein Rückgang der Militärausgaben zu verzeichnen – dieser Trend endete aber schon im Jahr 1998. Seitdem sind sie wieder gestiegen, um 45 Prozent. Im Jahr 2004 erreichten die weltweiten Militärausgaben fast 1000 Milliarden Dollar, knapp die Hälfte davon entfiel auf die USA. Deutschland, bei den Rüstungsausgaben »nur« an sechster Stelle, ist dabei der drittgrößte Waffenexporteur der Welt.

Ein Antrieb für die Remilitarisierung ist der »Krieg gegen den Terror« *(War on Terror)*. Dieser Krieg wird bezeichnenderweise nicht gegen einen konkreten Feind, sondern gegen ein Phänomen geführt. Somit handelt es sich um einen metaphysischen Krieg, denn ein reeller Krieg kann gegen Menschen und Staaten, gegen Häuser und Fabriken, aber nicht gegen das Böse an sich gerichtet werden. Die rhetorische Überhöhung der politischen und polizeilichen Auseinandersetzung mit terroristischen Attentaten zu einem »Krieg gegen den Terror« soll die Öffentlichkeit auf einen dauerhaften Ausnahmezustand vorbereiten.

Früher war »Terror« eine von Denkern wie Thomas Hobbes als legitim betrachtete Staatspraxis. Sie diente dazu, das Volk in Angst und Schrecken zu halten und auf diese Weise gefügig zu machen. Im Zusammenhang mit der Französischen Revolution wurde ab 1793 der »Terror des Konvents«, also Hinrichtungen und Verhaftungen, gegen »Konterrevolutionäre« eingesetzt. Später wurde der Begriff vor allem kritisch gebraucht, zum Beispiel für den stalinistischen Terror oder den Terror der nationalsozialistischen SS. Stets handelte es sich dabei um ein Vorgehen des Staates gegen Einzelne.

Das hat sich umgedreht. Inzwischen wird »Terror/Terrorismus« als ein Phänomen betrachtet, das von Einzelnen ausgeht und den Staat bedroht, was einer Neubestimmung des Begriffs gleichkommt. Ein Staat, der den Terror bekämpft, kann sich also selbst nicht des Terrors schuldig machen. Er handelt gewissermaßen in Notwehr, selbst wenn er eine halbe Million Iraker auf dem Gewissen hat. Auf diese Weise dient der »Krieg gegen den Terror« als Rahmenerzählung für Konflikte weltweit und rechtfertigt fast jede Handlung. Ob wir Piraten in Somalia bekämpfen oder Diktaturen in Zentralasien unterstützen – was immer politisch opportun erscheint, kann mit diesem Krieg begründet werden.

Ein Ende ist nicht in Sicht, im Gegenteil. Dieser Krieg ist für die Ewigkeit. Wer meint, dies sei eine Übertreibung, der möge lesen, was Donald Rumsfeld, ehemaliger amerikanischer Verteidigungsminister, schon am 20. September 2001 äußerte:

»Was wäre ein Sieg? Ich meine, es wäre ein Sieg, das amerikanische Volk davon zu überzeugen, dass dies keine schnelle Angelegenheit ist, die in einem Monat oder einem Jahr oder gar fünf Jahren vorbei sein wird. Es ist etwas, das wir in einer Welt mit mächtigen Waffen und Leuten, die bereit sind, diese mächtigen Waffen zu nutzen, fortwährend tun müssen.«

Ein kriegerisches *perpetuum mobile* also, ein dauernder Ausnahmezustand, der Ausnahmegesetze rechtfertigt. Der Begriff

»Krieg gegen den Terror« suggeriert, es handele sich um einen rein militärischen Konflikt, der nichts mit den sozialen und politischen Gegebenheiten auf der Welt zu tun habe, weswegen Gegner nur in die Steinzeit gebombt und nicht etwa als Partner oder gar Freunde gewonnen werden könnten.

Trotz dieser Remilitarisierung haben sich manche Hoffnungen nach 1989/90 durchaus erfüllt; andere könnten noch immer verwirklicht werden. Die vielgescholtene Globalisierung trägt kulturelle und technologische Chancen für eine weltweite Verständigung in sich. Das Internet ist eine dezentral organisierte Plattform mit enormem Potenzial für Austausch und Organisation, auch um bislang Benachteiligte zu unterstützen. Politische Spannungen werden durch internationale Handelsbeziehungen unterlaufen, und das Säbelrasseln von einst ist einem raffinierten Katz-und-Maus-Spiel auf internationalen Konferenzen gewichen.

Bei Tageslicht betrachtet, erleben wir Mitteleuropäer historisch einmalig friedliche Zeiten. Wir hätten allen Grund, diesen Frieden zu schätzen und unsere Erfahrungen zu nutzen, um ihn zu erhalten. Eine simple, aber gewichtige Erkenntnis lässt sich aus den letzten Jahrzehnten europäischer Geschichte gewinnen: Sicherheit entsteht nicht durch Konfrontation, sondern durch Kooperation. Statt diese Regel auch jenseits der europäischen Grenzen hochzuhalten, tönen und dröhnen Politiker und »Experten«, die Welt sei chaotisch geworden (als wäre sie in früheren Epochen übersichtlich und ordentlich gewesen). Die »Bedrohung« unseres Landes und jedes Einzelnen von uns sei größer als je zuvor (im Vergleich etwa zur nuklearen Bedrohung vor wenigen Jahrzehnten?). Das schlimme Schlagwort »Clash of Civilizations« wird in der deutschen Übersetzung zum noch schlimmeren »Kampf der Kulturen«. Politik und Medien verbreiten den Eindruck, nicht nur unsere Länder, nein, unser ganzer »Kulturraum« und unser »Wertesystem« würden von gegnerischen Mächten angegriffen. Da ist er wieder, unser selbstgemachter Krieg der Sterne: Gut gegen Böse, Schwarz gegen Weiß. Eine neue, unsichtbare Grenze teilt die Welt in zwei Hälften. Nicht mehr Kommunismus gegen Kapitalismus, sondern Morgenland gegen Abendland. Die Dämonisierungen, die kollektiv geschlürften Cocktails aus Pauschalurteilen, Propaganda und Polemik sind die Gleichen geblieben. Alles in bester Weltordnung. Der Kalte Krieg ist in einen Heißen Frieden übergegangen – nicht als notwendige Konsequenz der Ereignisse, sondern als Folge einer rhetorischen Hysterie.

Im Alltag des Einzelnen trägt die neue, gefühlte Friedlosigkeit seltsame Züge. Am Flughafen ziehen wir unsere Schuhe und Gürtel aus und warten umso länger, wenn vor uns in der Schlange ein Mann mit arabischem Nachnamen oder orientalischen Gesichtszügen steht. Unsere Nagelscheren sind in den Besitz der StarAlliance übergegangen. Zehntausende Flugpassagiere (darunter Persönlichkeiten wie der amerikanische Senator Edward Kennedy oder Nelson Mandela) wurden fälschlicherweise als Terrorverdächtige gelistet und daran gehindert, ein Flugzeug zu besteigen. In den Nachrichten vernehmen wir die immergleichen Meldungen aus dem Irak und Afghanistan und haben längst aufgehört, die Toten zu zählen. Forderungen und Fragen, die wir längst bei den Akten glaubten, erfahren eine Renaissance: Dass Deutschland eine Leitkultur brauche. Wie viel religiöse Symbolik ein Lehrerkörper vertrage. Ob unser Wertesystem wehrhaft genug sei.

Das alles sind Effekte der Tatsache, dass sich Innenpolitik mittlerweile als eine Art Landesverteidigung versteht. Es sei nicht die Frage, *ob* es eines Tages zu einem nuklearen Terroranschlag komme, ließ Bundesinnenminister Schäuble verlauten, sondern nur *wann*. Angesichts solcher Bedrohungen möchte sein Staatssekretär August Hanning Menschen selbst auf dem Klo bespitzeln. Bei sinkender Kriminalitätsrate im Inneren und vergleichsweise entspannter Politik zwischen den Großmächten wird dahergeredet, als stünde der Weltuntergang unmittelbar bevor.

Gewiss kommen darin Symptome einer generellen Verunsicherung zum Ausdruck. Aber ist diese Verunsicherung nicht vielmehr Folge einer Übergangssituation, in der die Welt nach 1989/90 neu geordnet werden muss, während sie sich gleichzeitig mit Problemen wie der Finanzkrise, der ökologischen Zerstörung und der fortdauernden Instabilität vieler Regionen auseinanderzusetzen hat? Warum werden gerade mit der »terroristischen Bedrohung« weitreichende Umbaumaßnahmen in Politik und Gesellschaft gerechtfertigt?

Der Begriff der »terroristischen Bedrohung« geht uns inzwischen völlig selbstverständlich über die Lippen. Wer ihn öffentlich hinterfragen will, gerät in Gefahr, für völlig naiv gehalten zu werden oder gar selbst als verdächtig zu gelten. Nehmen wir die »terroristische Bedrohung« trotzdem einmal unter die Lupe. Unter einer »Drohung« verstehen Juristen das In-Aussicht-Stellen eines künftigen Übels. Das Übel, welches der Terrorismus direkt in Aussicht stellt, sind die Opfer möglicher Anschläge. So grauenhaft diese Folgen im Einzelfall für die betroffenen Personen sind – vergleicht man die Opferzahlen statistisch mit den Verkehrstoten (Jahr um Jahr etwa 5000), den an Hitzeschlag (allein im Sommer 2003 waren es 9000 Tote) oder an Grippe Verstorbenen (jährlich 15000) sowie den Opfern einer falschen medikamentösen Behandlung im Krankenhaus (seit 2001 sage und schreibe 50000 Menschen), kommt man nicht auf die Idee, dass Terrorismus die größte Bedrohung unserer Sicherheit sei.

Der besondere Schrecken des Terrorismus besteht darin, dass er sich im weitesten Sinn politisch motivierter Gewalt bedient. Das heißt: Einem terroristischen Verbrechen wohnt Bedeutung inne. Ein Attentat pocht auf seinen symbolischen Gehalt. Der Anschlag auf das World Trade Center war nicht nur ein Massenmord an rund 3000 Menschen, sondern eine Metapher auf den gewünschten Untergang der USA oder gleich der gesamten »westlichen Welt«.

An diesem Punkt nistet ein fatales Missverständnis. Die Botschaft solcher Anschläge lautet nicht: »Wir werden euch zerstören.« Sie lautet: »Wir fordern euch zur Selbstzerstörung auf.« Warum das so ist? Weil uns der Terrorismus allein keinen nachhaltigen Schaden zufügen kann. Kein Land der Welt ist jemals durch Attentate wie jene des »islamistischen Terrors« ins Verderben gestürzt worden; keine Regierung wurde auf diese Weise abgesetzt. Terroristen besitzen nicht die Macht, unseren Rechtsstaat zu zerschlagen, unsere Werte abzuschaffen und unsere Gesellschafts- und Lebensformen zu ändern. Sie können uns nur dazu provozieren, es selbst zu tun. Sie benötigen unsere Mitwirkung. Sie bedrohen uns mit Folgen, die wir nur selbst herbeiführen können.

Denn hinter den Terroristen steht keine feindliche »islamische Welt«, die den Krieg der religiösen Monolithe aufzuwärmen gedenkt. Genau betrachtet, kann niemand erklären, was mit dieser gefährlichen »islamischen Welt« überhaupt gemeint ist. Wer gehört ihr an? Besteht die »islamische Welt« aus Menschen moslemischen Glaubens, die in europäischen Ländern leben? Oder sind die Bewohner Ägyptens damit gemeint, die uns im Urlaub am Roten Meer eine Cola servieren? Oder Saudis, mit deren Öl unsere Motoren laufen? In Wahrheit ist die diffuse »islamische Welt«, sofern sie eine Gefahr darstellen soll, durch etwas ebenso Diffuses definiert: nämlich durch »Terroristen«, »Terrorgruppen«, »Schläfer«, »islamistische Zellen«.

Die massenmediale Konditionierung verlangt von Ihnen, an dieser Stelle empört aufzuschreien: Aber nein! Uns bedroht ein gefährliches internationales Netzwerk namens al-Qaida! Ganze Länder unterstützen doch den Terrorismus, Irak, Iran, Syrien und wer inzwischen noch so alles zur »Achse des Bösen« gehört!

Man überprüfe einmal die konkreten Fahndungserfolge daraufhin, was sie über die operative Macht von »al-Qaida« verraten. Jenseits von volltönenden Videobotschaften in schlechter Bildqualität gibt es vor allem Sympathisanten, die um die halbe Welt reisen, um ein Nachtsichtgerät, eine Splitterweste oder einen Laptop an die Gotteskrieger zu übergeben. Mühsam werden Geldbeträge im 4000-Euro-Bereich ins pakistanische Grenzgebiet gebracht. In Garagen werden Bauanleitungen für Bomben aus dem Internet heruntergeladen. Die veröffentlichten Details über die terroristischen Tätigkeiten widersprechen dem großen Entwurf eines allmächtigen Gegners. Auch die Massenvernichtungswaffen, derentwegen George W. Bush vorgeblich den Irak angegriffen hat, haben, wie inzwischen hinlänglich bekannt ist, in Wahrheit nie existiert.

Aber jene Ausbildungslager, die der Krieg in Afghanistan gerade über die pakistanische Grenze gedrängt hat? Die mögen durchaus existieren. Vielleicht sogar als eine ganze paramilitärische Ausbildungsindustrie. Wie man weiß, haben schon RAF-Terroristen den Umgang mit Waffen im Jemen gelernt. Die Frage bleibt dennoch, welche Macht der Terrorismus aus sich selbst heraus besitzen kann, welche konkrete Bedrohung er darstellt.

Wiederum werden Sie, dem herrschenden Tabu gemäß, widersprechen: Das sei eine empörende Verharmlosung akuter Gefahren. In New York, London, Madrid, Bali und Bombay habe man gesehen, was Terroristen anzurichten vermögen, und etwas Ähnliches könne jederzeit auch bei uns passieren.

Das stimmt. Niemand wird bestreiten, dass durch Anschläge Menschen sterben und dass solche Anschläge überall stattfinden können, auch in einem Land wie Deutschland, das Truppen in Afghanistan stationiert hat. Doch der Versuch, Zusammenhänge von ihrer rhetorischen Überhöhung zu befreien, ist noch lange keine »Verharmlosung«. Es ist völlig angebracht, tödliche Terroranschläge im Rahmen des Möglichen verhindern zu wollen. Das Gleiche gilt auch für Massenkarambolagen, Flugzeugabstürze, Amokläufe, einstürzende Sporthallen, Reaktorunfälle, Sturmfluten, AIDS und tödliche Grippewellen. Die über konkrete Gefahren hinausreichende »terroristische Bedrohung« ist allerdings eine fiktive Kulisse, die erst durch unsere panische Reaktion auf sie Realität werden kann.

Was tun wir, wenn ein Zug entgleist und sechzig Menschen sterben? Wir verfolgen das Unglück in den Nachrichten, sind bestürzt, trauern mit den Angehörigen der Opfer. Völlig zu Recht wird nach Verantwortlichen gefragt und versucht, aus etwaigen Fehlern für die Zukunft zu lernen. Nach einiger Zeit gehen wir zur Tagesordnung über. Nicht, weil wir herzlos, sondern weil wir vernünftig sind.

Aus pragmatischer Sicht sind Terroristen keine Krieger eines »Clash of Civilizations«. Sie sind Verbrecher, die es einzufangen und zu bestrafen gilt. Die Jagd auf sie und ihre Hintermänner heißt »Strafverfolgung« oder »internationale Fahndung« – nicht »Selbstverteidigung«. Die Anschläge sind schwere Delikte und für die Betroffenen tragische Katastrophen; sie mögen auch eine politische Botschaft transportieren – sie sind jedoch keineswegs »Kriegserklärungen«, die Anlass für militärische Auseinandersetzungen zwischen Staaten bieten. Der Terrorismus ist eine staatenübergreifende, übrigens nicht erst am 11. September 2001 erkannte Erscheinung. Die Attentäter als Kreuzritter des Islam zu betrachten, gesteht ihnen eine religiöse Würde zu, die sie nicht verdienen. Von einer solchen Einstufung muss sich die überwiegende Zahl der Moslems beleidigt fühlen. Die geltenden Gesetze auf allen Seiten des »Kulturkampfes« behandeln Terroristen als Verbrecher. Auf das Erreichen einer global einheitlichen Betrachtungsweise unter diesen Vorzeichen hätten sich von Anfang an sämtliche politischen Anstrengungen richten müssen. Dann wäre klargeworden, dass uns der Terrorismus auf die gleiche Weise bedroht wie andere schwere Verbrechen. Bedroht sind konkrete Rechtsgüter, im schlimmsten Falle Leib und Leben der Betroffenen. Nicht bedroht sind unsere »Werte«, unsere Gesellschaft, unsere Identität.

Die Fronten zwischen Weltanschauungen laufen in Wahrheit quer zu religiösen, kulturellen oder geographischen Kategorisierungen. Wenn man überhaupt von einem »Kampf der Kulturen« sprechen will, bezeichnet dieser keine Auseinandersetzung zwischen der islamischen und der christlichen Welt, sondern das Auseinanderdriften von Antworten auf die Frage, nach welchen Grundsätzen Menschen auf diesem engen Planeten zusammenleben wollen. Gegner wie Befürworter von Toleranz und Freiheit finden sich innerhalb sämtlicher »Kulturen«.

Der »islamistische Terrorismus« entfaltet sich vor dem Hintergrund einer Weltanschauung, die mit Demokratie, Menschenrechten und freiheitlichem Parlamentarismus nichts am Hut hat. Mit guten Gründen haben sich unsere Gesellschaften vom Gottesstaat abgewandt, wir trennen Staat und Kirche, lehnen körperliche Züchtigungen und Folter ab, arbeiten seit Jahrzehnten an der Gleichstellung von Mann und Frau. Diese Errungenschaften gilt es hochzuhalten und zu verteidigen, aber nicht gegen die »islamische Welt«, sondern innerhalb einer grenzüberschreitenden Gemeinschaft von Menschen, die nach freiheitlichen und friedlichen Prinzipien zusammenleben möchte. Dieses Ziel erreicht man nicht, indem man rhetorische und politische Barrieren aufbaut und die Welt in »die da« und »wir hier« unterteilt. Man erreicht es auch nicht, indem man die eigentlich zu schützenden Werte abbaut, um sich präventiv gegen die illusorische Gefahr einer islamistisch-extremistischen Indoktrinierung zu verteidigen. Der Kampf gegen freiheitsfeindliches Denken kann nicht mit Waffen, verschärften Gesetzen und dem Aufbau von Feindbildern betrieben werden, sondern nur durch geistige Auseinandersetzung, also durch Bildung, Gespräch und kulturellen Austausch. Es ist immer ein Fehler, Allianzen anhand von reißbrettartig umrissenen Identitäten schmieden zu wollen. Viel sinnvoller ist es, auf allen Seiten nach Vertretern einer freiheitlichen Weltsicht Ausschau zu halten und ihre Anstrengungen zu unterstützen. Genauso gilt es auf allen Seiten, demokratiefeindliche Tendenzen kritisch zu erkennen – ganz gleich, ob sie in aggressiven Reaktionen auf Mohammedkarikaturen oder in der Absenkung des Grundrechtsstandards zugunsten von »innerer Sicherheit« zum Ausdruck kommen.

Solchen Argumenten wird vorgehalten, sie seien Ausdruck der Feigheit von Leuten, die unsere Demokratie nicht verteidigen wollen. Aber wer ist nun feige: derjenige, der aus Angst vor Terroristen Teile der Verfassung ändern will, oder derjenige, der an seinen Grundüberzeugungen festhält und an das Beharrungsvermögen unseres Rechtsstaats glaubt? Es geht nicht darum, ob Demokratie und Freiheit verteidigt werden müssen, sondern um die Frage, auf welche Weise und gegen wen.

Nicht der Terrorismus wird unserem Land gegenwärtig gefährlich, sondern die Bereitschaft, sich vom Terrorismus einschüchtern zu lassen, sowie der Versuch, die »terroristische Bedrohung« zu instrumentalisieren, um autoritäre Strukturen einzuführen. Wenn es tatsächlich unser freiheitliches Selbstverständnis ist, von dem sich Terroristen provoziert fühlen, dann agiert jeder, der diese Freiheit den Terroristen zuliebe beschränken will, geradezu in Beihilfe. Solange sich der Terrorismus nicht in einer Armee manifestiert, die auf Berlin marschiert, wäre der Einsatz von Bundeswehrtruppen im Inneren keine Verteidigung des Rechtsstaats, sondern ein Angriff auf denselben.

Wer abschätzen will, welche Bedrohung nicht der Terrorismus, sondern die Reaktionen auf ihn für die Demokratie darstellen, der mag einen Blick über den Atlantik werfen. Seit Jahrzehnten kommen Veränderungen von Rockmusik bis

Rauchverbot aus den Vereinigten Staaten zu uns, und das, wie man auch an der Finanzkrise erkennt, mit wachsendem Tempo. Mit politischen Tendenzen ist das nicht anders. Betrachten wir noch einmal den »feindlichen Kombattanten«, der unter Barack Obama nicht mehr so heißen soll. Unabhängig von Begriffsfragen will auch die neue US-Administration mutmaßliche »Unterstützer« des Terrorismus weltweit nach Kriegsrecht aufgreifen. Das bedeutet, dass ein beliebiger Passagier beim Umsteigen am Flughafen verhaftet werden kann. Man kann ihm die Augen verbinden und Kopfhörer aufsetzen und ihn für Monate oder Jahre in Isolationshaft verschwinden lassen. Gegen ihn dürfen »scharfe Verhörmethoden« eingesetzt werden, zu denen Folterpraktiken wie das »Waterboarding« oder das pausenlose Beschallen einer Zelle mit ohrenbetäubendem Lärm gehören. Für einen »Unterstützer des Terrorismus« gelten die Genfer Konventionen nicht, obwohl doch eigentlich »war on terror« geführt wird. Vielleicht heißt dieser neuartige Krieg »asymmetrisch«, weil der Feind vom gültigen Rechtssystem ausgeschlossen wird, also weder den Status eines Verbrechers noch den eines Kriegers zugestanden bekommt, so dass weder das Strafgesetzbuch noch die Genfer Konventionen für ihn Anwendung finden. Dies führt direkt nach Abu Ghraib und Guantánamo und somit in die Barbarei.

Das ist bedrohlich. Sie glauben, Derartiges habe bei uns niemand vor? Die zynische Gegenfrage lautet, wer noch etwas dagegen hätte. Auch bei uns werden die Einführung eines »Feindrechts« sowie die »Rettungsfolter« gegen Terroristen diskutiert. Nicht von Verrückten, sondern von anerkannten Juristen (dazu mehr im 10. Kapitel). Momentan scheint es, als sei nicht das Zünden einer »schmutzigen Bombe«, sondern eher das Ende des Rechtsstaats keine Frage des *Ob,* sondern eine des *Wann.*

Viertes Kapitel
Sind Sie sicher?

Durch die Angst allein kann auf die Dauer kein Friede sein.
KARL JASPERS

ES GIBT AUF diesem Planeten keinen Zustand vollkommener Sicherheit, es sei denn, man wollte den Tod als eine sichere Sache betrachten. »Sicher ist, dass nichts sicher ist. Selbst das nicht« lautet ein beliebtes Graffito. Leben ist angewandte Unsicherheit. Wir gehen täglich Risiken ein, im Straßenverkehr, am Arbeitsplatz, im Umgang mit unseren Mitmenschen, beim Verzehr von Nahrungsmitteln. Würden wir unseren Ängsten freien Lauf lassen, wären wir handlungsunfähig. Gerade Tätigkeiten, die wir besonders gern ausführen, weil sie unsere Lebensqualität steigern, sind oft mit einem hohen Risiko behaftet. In unserer Freizeit stürzen wir uns schneebedeckte Abhänge hinab oder springen von Klippen, rasen mit 200 Stundenkilometern über die Autobahn, verreisen in ungesunde Länder und kriminelle Städte. Der mutigste Kerl von allen ist statistisch gesehen der Heimhandwerker – ein kolossaler Draufgänger in Anbetracht der hohen Wahrscheinlichkeit, sich im eigenen Haushalt zu verletzen oder gar einen tödlichen Unfall zu erleiden. Im Alltag sublimieren wir souverän die Risiken, denen wir uns andauernd aussetzen, und stürzen uns mit Bravour in Gefahren.

Dessen ungeachtet ist »Sicherheit« zu einem Lieblingsschlagwort der politischen Debatte geworden. Jede zweite Maßnahme wird mit dem Hinweis auf unsere »Sicherheit« begründet. Autos sollen auch bei hellem Sonnenschein mit Licht fahren, was die Umwelt und den Geldbeutel belastet und die Kassen der Glühbirnenhersteller klingeln lässt: *Sicherheit*. Der Nacktscanner am Flughafen soll Röntgenaufnahmen von Quadratschädeln und krummen Beinen machen: *Sicherheit*. Hunde an die Leine, Raucher vor die Tür, Computerspiele auf den Index: *Sicherheit*. Der vermeintlich abgesicherte Bürger ist der regulierte Bürger.

Zu diesem Zweck will der Staat möglichst viel über seine Bürger wissen, um sie wirksam gegen alle erdenklichen Bedrohungen schützen zu können. Warum auch nicht? Wenn man eine Weile darüber nachdenkt, kommt man dann nicht unweigerlich zu dem Schluss, dass gerade die umfassende Informiertheit der Behörden uns davor schützt, Opfer eines Polizei- oder Justizirrtums zu werden? Denn ein Staat, der alles weiß, wird doch nicht versehentlich einen Unschuldigen belangen. Also die Guten ins Kröpfchen (sie haben nichts zu befürchten), die Schlechten ins Töpfchen (die Freiheitsrechte sollen schließlich keine kriminellen Absichten begünstigen).

»Mal so betrachtet« und »eigentlich« ist da einiges dran, finden Sie nicht auch? Je länger Sie überlegen, desto mehr wirkt eine Welt, in der Sie keiner Bedrohung mehr durch Kriminelle, Leichtsinnige oder auch nur durch Gesundheitsrisiken ausgesetzt wären, wie das Paradies auf Erden. Dafür wären Sie durchaus bereit, den Preis allumfassender staatlicher Kontrolle zu bezahlen.

Sind Sie sicher?

Nehmen wir einmal an, Verbrechen könnten tatsächlich mit Hilfe von Überwachung und anderen präventiven Maßnahmen des Staates flächendeckend unterbunden werden. Zuerst würden Terrorismus, Mord und Totschlag abgeschafft. Für eine Weile würden Sie sich erleichtert fühlen, dann fiele Ihnen das organisierte Verbrechen wieder ein, das dem Land schlaflose Nächte bereitete, bevor es vom Terrorismus abgelöst wurde. Drogenkartelle, Mafiafamilien, Schlepperbanden – weg damit. Wenig später würden Sie in der Zeitung lesen, wie viele Vergewaltigungen, Raubüberfälle und schwere Körperverletzungen im Jahr begangen werden. Beängstigend. Unerträglich. Nicht zu vergessen die ausufernde Steuerkriminalität, durch die sich der Staat in seinem Bestand bedroht sieht. Genügend Gründe für weitere, immer weiter reichende Maßnahmen. Und was ist mit Kindesentführungen? Was bedeutet der Diebstahl von 1000 Euro für eine alte Frau, die auf jeden einzelnen Cent angewiesen ist? Kann man seine achtjährige Tochter ruhigen Herzens zur Schule gehen lassen, solange Verkehrssünder mit 80 Sachen durch Wohngebiete rasen? Steuerbetrüger, Diebe, Verkehrsrowdys – alle ausschalten. Wären Sie dann sicher? Vielleicht. Fühlten Sie sich sicherer? Wahrscheinlich nicht.

Bedrohung ist subjektiv und damit relativ. Sie bestimmt sich nicht im Verhältnis zu einem irgendwie messbaren Gefahrenpotenzial, sondern anhand der Risiken, die jeder von uns wahrnimmt. In einer zunehmend sichereren Welt richtet sich die Angst auf immer kleinere oder immer unwahrscheinlichere Szenarien. Während etwa die Kriminalität in Deutschland im Bereich schwerer Delikte wie Mord, Totschlag und Vergewaltigung seit Jahren kontinuierlich sinkt, sind die Menschen notorisch vom Gegenteil überzeugt und geben bei Umfragen an, sich immer stärker durch Kapitalverbrechen bedroht zu fühlen. Ähnlich empfand es Donald Rumsfeld, der ehemalige Verteidigungsminister der USA:

»Wir sind heute sicherer vor der Bedrohung durch einen großen Atomkrieg […] und dennoch verwundbarer durch Kofferbomben …«

Großer Atomkrieg versus Kofferbombe: Durch diese Aussage wird klar, dass Sicherheit nichts mit der Größe realer Gefahren zu tun hat. Sicherheit ist keine Tatsache, sondern ein Gefühl. Wer in den letzten Jahren die massenmedialen Hysterien um BSE, Vogelgrippe und natürlich immer wieder Terrorismus mitverfolgt hat, wird nicht auf den Gedanken kommen, dass man die Welt heute als sicherer empfindet als vor hundert Jahren. Dabei standen den Menschen damals zwei Weltkriege bevor, von der Spanischen Grippe, die 25 Millionen Menschen dahinraffte, ganz zu schweigen.

Wenn die Politik also behauptet, »Sicherheit« für die Bürger gewährleisten zu wollen, nährt sie einen gefährlichen Irrtum. »Wir wollen, dass Sie sicher leben!« wirbt die Polizei in U-Bahn-Haltestellen. Aber wann wären Sie denn sicher? Wenn es keine Terroristen mehr gäbe? Oder keine Krankheiten? Wenn Sie das Haus nicht verließen? Wenn Sie monatlich 3000 Euro Staatsrente erhielten? Wenn kein Freund Sie verriete, kein Geliebter Sie verletzte? Oder wenn der Tod endlich abgeschafft würde?

Sicherheit lässt sich nicht herstellen, weil kein Risiko völlig ausgeschaltet werden kann. Im Grunde wissen wir das alle. Aber wir vergessen es augenblicklich, sobald uns Politiker und Journalisten die nächste Horrorvision vor Augen führen. Wir wissen, dass wir nach aller berechenbaren Wahrscheinlichkeit am ehesten beim Putzen des Bads oder im Verkehr eines unnatürlichen Todes sterben werden. Trotzdem bekommen wir keine Gänsehaut beim Anblick unseres Badezimmers oder Autos. Fahrzeughersteller werden nicht von der Polizei überwacht, obwohl es, gemessen an den Todeszahlen, naheliegender wäre, einen »Krieg gegen den internationalen Straßenverkehr« auszurufen.

Es entspricht der Natur des Menschen, vor unwahrscheinlichen Ereignissen mehr Angst zu haben als vor wahrscheinlichen. Wir fürchten uns am meisten vor Dingen, die uns selten bis nie begegnen und die wir deshalb nicht einschätzen können. Das ist wohl gut so. Es gibt eine Theorie, die besagt, dass uns die Evolution dieses Missverständnis antrainiert habe. Dem Überleben sei es dienlicher, das Risiko von Situationen falsch zu bewerten. Andernfalls würden wir nämlich in kein Auto mehr steigen und keine Treppe hinuntergehen. Um lebensfähig zu bleiben, ist es wichtig, »kein Gefühl« für Wahrscheinlichkeiten zu haben, jedenfalls kein zutreffendes.

Diese Unfähigkeit kann man leicht am eigenen Leib überprüfen. Sie sind auf einer Party mit gut vierzig Gästen. Wie hoch, glauben Sie, liegt die Wahrscheinlichkeit, dass zwei dieser Personen am gleichen Tag Geburtstag haben? Zehn Prozent? Oder nur fünf? – Sie liegt bei 90 Prozent, weshalb sich eine Wette auf diesen Umstand lohnen würde. Das hätten Sie nie gedacht? Eben. Wie hoch liegt seit dem 11. September die Wahrscheinlichkeit, dass Sie Opfer eines Terroranschlags werden? 0,01 Prozent? Weniger? Mehr? Selbst wenn wir davon ausgingen, die »Kofferbomber von Köln« hätten Erfolg gehabt, bedroht Sie das mit einem Risiko von eins zu vier Millionen. Rund siebenmal wahrscheinlicher ist es, als Kind zu ertrinken. Natürlich kommt trotzdem niemand auf die Idee, Schwimmbäder oder Badeteiche zu verbieten. Aber 76 Prozent der Deutschen geben an, dass sie Angst haben, Opfer eines terroristischen Anschlags zu werden.

Mut, Courage, Contenance sind Werte, die jede menschliche Gesellschaft hochhält – manchmal mehr, manchmal weniger. Wo gilt der Feigling schon als Vorbild? Betrachten wir unsere Sprache. Deftig wird verspottet, wem es an Mut fehlt: Angsthase Duckmäuser Drückeberger Pantoffelheld Jämmerling Bangbüchse Ausreißer Hasenfuß Kriecher Leisetreter Memme Schlappschwanz Waschlappen Jammerlappen. Keine

Frage, wir schätzen den Mut, und das aus gutem Grund. Die Angst ist – im Gegensatz zur nützlichen Vorsicht – eine der größten Geißeln des Menschen. Hat sie sich einmal eingenistet, beginnt sie zu wuchern, lähmt uns, lässt sich durch kein vernünftiges Wort und keine passende Geste eindämmen. Wer jemals einen Menschen gesehen hat, der in Panik gerät, weil ihm ein giftiges Insekt über den Fuß kriecht, der weiß, dass wir aus Angst – gegen die eigenen Interessen – um uns schlagen und uns dadurch nur umso mehr gefährden.

Die scheinbar unübersichtliche und unverständliche Gegenwart, nicht zuletzt ihre technologischen Innovationen, tragen zu einem Gefühl der Verängstigung bei, das paradoxerweise durch ein Mehr an Technik und Entmündigung gelindert werden soll. Ein typisches Beispiel, wie der Teufel mit Hilfe des Beelzebubs ausgetrieben wird. Das Gefühl der Unsicherheit existiert losgelöst von tatsächlichen Bedrohungen. Die Bewohner von Kairo oder Bombay äußern weniger Ängste als jene von Hannover oder Basel, gerade weil sie davon ausgehen, dass das Leben kein Geländer hat, und weil sie insofern weder Rückversicherung noch Risikobeseitigung erwarten.

Wer etwas annähernd Objektives über unsere Sicherheit erfahren möchte, sollte nicht den staatlichen Sicherheitsexperten oder den medialen Angstprofiteuren zuhören, sondern lieber einen Blick in die Statistiken werfen. Er wird erkennen, dass Deutschland von Jahr zu Jahr sicherer wird, was nicht an Schäubles Anstrengungen liegt, sondern an der verbesserten Technologie von Autos und der stetigen Abnahme von Delikten. Natürlich können wir nicht wissen, was die Zukunft bringt. Solange der Trend aber ein positiver ist, besteht wahrlich kein Anlass für den aussichtslosen Versuch, Bollwerke gegen eine unbekannte Zukunft zu errichten. Konkrete Beispiele beweisen, dass gesellschaftliche Strategien der Verständigung, der Integration, des sozialen Ausgleichs und der Bildung keineswegs versagt haben, wie die Verunsicherungspropheten verkünden. Vielmehr sind die Erfolge dieser Strategien zum einzig wahren Fundament unserer Sicherheit geworden. Alle rationalen Argumente sprechen dafür, Kurs zu halten und den Weg der Vernunft nicht zu verlassen. Um mit Karl Popper zu sprechen: »Wir müssen für Frieden sorgen und nicht für die Sicherheit, einzig aus dem Grund, weil nur der Frieden Sicherheit sicher machen kann.«

Fünftes Kapitel
Gesetze ohne Sinn und Verstand

> Jene, die insgeheim die Angelegenheiten des Staates vorantreiben, halten diese unter ihrer Kontrolle, und so verschwören sie sich nicht nur gegen den Feind in Zeiten des Krieges, sondern auch gegen die Bürger in Zeiten des Friedens.
> BARUCH SPINOZA, TRACTATUS POLITICUS

DIE LAGE IST ernst. Terroristen stehen vor der Tür – sie wollen alles zerstören, was uns lieb und teuer ist. Wer wird nicht laut nach Gegenmaßnahmen rufen? Es muss doch etwas zu unserem Schutz getan werden! Und zwar schnell und sofort. Wir rasen auf einen Abgrund zu. Bald wird es zu spät sein.

Der täglich beschworene Schrecken verhindert eine ruhige und sachliche Auseinandersetzung mit dem Sinn oder Unsinn der vorgeschlagenen Gegenmittel. Wenn Sicherheitspolitiker erklären, dass Rasterfahndungen zur Enttarnung von »Schläfern« und damit zur Verhinderung eines zweiten »9/11« notwendig seien, stellt niemand kleinliche Gegenfragen. In Krisenzeiten gelten Skeptiker als naiv oder verblendet. Oder als schlecht informiert. Immerhin ist die Lage so ernst, dass das wahre Ausmaß der Gefährdung nur den Geheimdiensten bekannt ist. Aus Gründen der staatlichen Sicherheit müssen nähere Informationen geheim bleiben. Deshalb weiß der Bürger nur, *dass* er bedroht wird, nicht aber, worin die Bedrohung besteht. Oder könnten Sie erklären, auf welche Weise der Terror sich bei uns niederschlägt? Konkret befragt, wüsste jeder von uns nur Vermutungen über »Netzwerke« und »al-Qaida« zu murmeln. Im Großen und Ganzen wissen wir hingegen Bescheid: Unsere Zivilisation steht auf dem Spiel. Über Einzelheiten sollen wir uns nicht die Köpfe zerbrechen, sondern dankbar sein, dass der Staat uns beschützt.

Kein anderer hat die drohende Apokalypse so schön in Worte gefasst wie Innenminister Wolfgang Schäuble:

»Viele Fachleute sind inzwischen überzeugt, dass es nur noch darum geht, wann ein [atomarer] Anschlag kommt, nicht mehr, ob. […] Aber ich rufe dennoch zur Gelassenheit auf. Es hat keinen Zweck, dass wir uns die verbleibende Zeit auch noch verderben, weil wir uns vorher schon in eine Weltuntergangsstimmung versetzen.«

Viele Fachleute wissen also von einer bevorstehenden nuklearen Katastrophe. Wer sind diese Fachleute? Wieso werden sie nicht in der *tagesschau* interviewt? Wieso treten sie nicht in Talkshows auf? Wollen sie uns verschonen vor der brutalen Ausweglosigkeit, die sich ihnen und ihnen allein offenbart? Und rät der eifrig warnende Innenminister wirklich zu »Gelassenheit« oder eher zu Gehorsam, mit dem wir die immer umfassenderen staatlichen Eingriffsbefugnisse hinnehmen sollen?

Paradoxerweise können diese Befugnisse den atomaren Terroranschlag sowieso nicht verhindern, wenn Minister Schäuble und seine Fachleute doch überzeugt sind, dass es auf jeden Fall dazu kommen wird. Womit wir bei der zentralen Frage wären: Was taugen eigentlich die Instrumente der Terrorismusbekämpfung? Sind sie überhaupt geeignet, die Wahrscheinlichkeit eines Anschlags zu verringern?

Nicht nur der gesunde Menschenverstand verlangt nach dieser Frage, sondern auch das Grundgesetz. Staatliche Befugnisse, die in die Grundrechte eingreifen, sind nur verfassungskonform, wenn sie die sogenannte Verhältnismäßigkeit wahren. Dazu gehört, dass die Maßnahme geeignet sein muss, das angestrebte Ziel zu erreichen. Weiterhin darf kein anderes, milderes Mittel zum Erreichen des Ziels zur Verfügung stehen. Trotz dieser verfassungsrechtlichen Vorgaben wird auf eine Abwägung von Sinn und Zweck der Anti-Terror-Instrumente oft verzichtet. Schon bei Verabschiedung des ersten »Terrorismusbekämpfungsgesetzes« im Dezember 2001 hatten die Abgeordneten über einen Entwurf zu entscheiden, der ihnen gar nicht bekannt war, da ihnen der Wortlaut des Gesetzes erst kurz vor der Abstimmung zur Verfügung gestellt wurde. Bei einem solchen Vorgehen nimmt es nicht wunder, wenn sich die meisten Maßnahmen des »Anti-Terror-Kampfes« bei näherer Betrachtung als wirkungslos erweisen.

Ein prägnantes Beispiel bietet die *Rasterfahndung*. Sie wurde in den siebziger Jahren zur Bekämpfung der Rote-Armee-Fraktion (RAF) entwickelt und nach dem 11. September zum Aufspüren von »Schläfern« eingesetzt. Das Verfahren richtet sich gegen unverdächtige Personen einer zuvor definierten Merkmalgruppe. Wäre zum Beispiel der Besitz eines Lamborghini strafbar, könnte die Rasterfahndung potenzielle Verdächtige unter den Kriterien »männlich, weiß, katholisch, Alter zwischen 45 und 55, höchste Steuerklasse, geschieden« in sämtlichen verfügbaren öffentlichen und privaten Datensammlungen ermitteln.

Sie vermuten, durch so ein vages Umkreisen würde ein riesiger Personenkreis verdächtig? Genau, und dieser wird dann näher überprüft. Sie meinen, am Ende bleibt bestenfalls ein Verdächtiger übrig – und der fährt Ferrari? Eben. Beim Einsatz der Rasterfahndung im Jahr 2004 wurde nach der Auswertung von 8,3 Millionen Datensätzen (ein Zehntel der gesamten deutschen Bevölkerung) ein einziges Ermittlungsverfahren eingeleitet und bald darauf wieder eingestellt. Das hat sich gelohnt! Null Treffer bei 8,3 Millionen Überprüfungen – so viel Ineffizienz dürfte kaum zu überbieten sein. Wenn Politiker dennoch den Sinn der ganzen Aktion preisen, klingt das (im Fall des hessischen Innenministers) recht phantasievoll:

»Von der Rasterfahndung ging eine präventive Wirkung aus. Aufgrund der Medienberichterstattung wurde sie vom islamistischen Potenzial als Fahndungs- bzw. Verfolgungsdruck empfunden.«

Man kann sich lebhaft vorstellen, wie eine islamistische Zelle namens »Hessischer Dschihad« bibbernd in einem Kellerraum in Gießen hockt und sich vor der Rasterfahndung versteckt – erstaunlich zart besaitet, die potenziellen hessischen Selbstmordattentäter. Ebenso erstaunlich, wie gut vertraut der Innenminister mit dem »islamistischen Potenzial« und dessen intimen Sorgen ist.

Aber mit dem wahllosen Rasterfahnden ist ohnehin erst einmal Schluss. Am 4. April 2006 hat das Bundesverfassungsgericht nach Beschwerde eines marokkanischen Studenten geurteilt, dass das Scannen der Bundesbevölkerung ohne konkreten Anlass gegen das Grundgesetz verstößt.

Ein weiteres Lieblingsinstrument der Terroristenjäger ist der ePass. In den neuen *biometrischen Reisepässen* werden neben digitalisierten Fotos auch die Fingerabdrücke der Passinhaber gespeichert. Das Verfahren soll Terroristen die Verwendung von gefälschten Pässen erschweren. Diese auf den ersten Blick plausible Begründung erweist sich als abwegig, wenn man bedenkt, dass in einem Zeitraum von fünf Jahren (2001 bis 2006) nicht mehr als sechs gefälschte Pässe des alten Modells in Umlauf kamen. Darüber hinaus ist kein einziger Fall bekannt, in dem Terroristen gefälschte Pässe bei sich trugen.

Die Beteuerung offizieller Stellen, es gehe keineswegs darum, alle Bundesbürger eines Tages in einer flächendeckenden Verbrecherkartei zu erfassen, kann angesichts der Tatsachen nur als platte Lüge gelten. Denn die Europäische Union (die auch den ePass beschlossen hat) arbeitet längst an diesem Projekt. In einer zentralen Datenbank in Brüssel sollen die Fingerabdrücke sämtlicher EU-Bürger gespeichert werden. Es dürfen Wetten eingereicht werden, wie lange es dauert, bis die EU in bewährter Unauffälligkeit ihr Vorhaben umgesetzt hat und die deutsche Regierung wieder einmal scheinheilig die Achseln zuckt: »Wir müssen leider die Vorgaben aus Brüssel umsetzen!«

Eine der einschneidendsten Maßnahmen für den Bürger ist die *Telefonüberwachung*. Im Jahr 2007 wurden im Bereich der Strafverfolgung Überwachungsanordnungen für rund 44000 Telefonnummern (ca. 39000 mobil, ca. 5000 Festnetz) umgesetzt. Je nach Schätzung waren von diesen Maßnahmen zwischen zwei und vier Millionen Bundesbürger betroffen. Derartige Tendenzen veranlassten den früheren Verfassungsrichter Jürgen Kühling schon im Grundrechte-Report 2003 zu der Aussage, das Fernmeldegeheimnis dürfe man »getrost als Totalverlust abschreiben, nachdem inzwischen buchstäblich jedes Telefonat abgehört wird, sei es – in geringerem Maße – durch legale Maßnahmen staatlicher Behörden, sei es – umfassend – durch fremde Geheimdienste«. Die Entwicklung der letzten Jahre hat die Einschätzung des einstigen Verfassungsrichters bestätigt.

Welcher Kriminelle aber, geschweige denn Terrorist, wäre heutzutage noch so dumm, ein begangenes oder geplantes Delikt am Telefon zu besprechen? Schließlich ist das »islamistische Potenzial« aufgrund der Medienberichterstattung bereits vorgewarnt. Auf eine offizielle Anfrage von zwei Abgeordneten der Grünen, inwieweit »die höhere Zahl an Telefonüberwachungsmaßnahmen auch zu einer höheren Erfolgsquote auf dem Gebiet der Verbrechensbekämpfung« führe, antwortete das baden-württembergische Justizministerium unnachahmlich spekulativ:

»Belastbare statistische Daten, aufgrund derer sich die Frage der Kausalität zuverlässig beantworten ließe, liegen nicht vor. Die Landesregierung ist auch der Ansicht, dass sich solche nicht sinnvoll erheben ließen.«

Na ja: Eine Studie des Max-Planck-Instituts aus dem Jahr 2003 hat ergeben, dass die Telefonüberwachung in 17 Prozent der Fälle Erfolge erzielt. Immerhin im Vergleich zur Rasterfahndung eine geradezu vorbildliche Bilanz. Allerdings lässt auch diese Studie im Unklaren, inwieweit es bei den untersuchten Verfahren überhaupt um Terrorismusbekämpfung ging. Ob weitere Ausdehnungen der Überwachungsbefugnisse vor allem im präventiven Bereich tatsächlich der Verhinderung von Terroranschlägen dienen können, wie es Sicherheitspolitiker gebetsmühlenartig behaupten, ist nie substanziell belegt worden. Trotzdem gilt anscheinend: Augen zu, weitermachen und hoffen, dass das Bundesverfassungsgericht nicht eingreift. Das niedersächsische Polizeigesetz wurde wegen der Einführung präventiver Lauschbefugnisse bereits von den Richtern in Karlsruhe kassiert.

Der wichtigste sicherheitspolitische Zankapfel der letzten Zeit ist die *Online-Durchsuchung*. Ein erster Versuch, den Internetzugriff auf die Festplatten privater Computer per Gesetz zu ermöglichen, wurde – Überraschung! – vom Bundesverfassungsgericht gekippt. Die nachfolgende Debatte um das neue Lieblingsinstrument der Polizei war von der kokett zur Schau getragenen sachlichen Unkenntnis ihrer Protagonisten gekennzeichnet. Insbesondere BKA Chef Jörg Ziercke und Innenminister Wolfgang Schäuble ließen keine Gelegenheit aus, zu betonen, dass sie entweder nicht wissen oder nicht verraten dürfen, wie das Ausspähen von Computern eigentlich funktionieren soll. Auch in diesem Fall wird auf geheimnisvolle staatliche Experten verwiesen, die aus dem Off die umstrittene technische Machbarkeit bestätigen. Anscheinend gehen diese

Experten entgegen aller Erfahrung davon aus, dass sich nichtstaatliche Experten zwar ins Pentagon hacken können, aber nicht in der Lage wären, den Bundestrojaner auszuschalten oder zu pervertieren. In der Praxis würde der Zugriff über das Internet wohl nur bei technisch unversierten Terroristen funktionieren.

Vor allem ist völlig unklar, wozu ein derart einschneidender Grundrechtseingriff überhaupt gut sein soll. Die Polizei kann bereits nach geltender Rechtslage im Rahmen einer Hausdurchsuchung Computer in der Wohnung eines Verdächtigen beschlagnahmen. BKA-Chef Ziercke selbst erklärt gern, dass eine Online-Durchsuchung extrem aufwändig wäre, da sie die Erkundung des (informationstechnischen) Umfelds der Zielpersonen sowie eine Anpassung der verwendeten Software voraussetze. Deshalb komme sie ohnehin nur in seltenen, sehr konkreten Fällen infrage (eine Angabe, die angesichts der Praxis des BND, der 2008 in etwa 2500 Fällen ausländische Festplatten durchsuchte, zumindest als nicht ganz präzise gelten muss). Liegt nun aber tatsächlich die konkrete Gefahr eines terroristischen Anschlags vor, wäre es da nicht naheliegender, gleich auf die betreffende Person zuzugreifen – statt nur auf ihren Computer?

Strategisch sinnvoll scheint die Online-Durchsuchung in Wahrheit also nicht bei Vorliegen, sondern nur zur Gewinnung eines konkreten Verdachts. Wer ausgiebig auf Festplatten herumstöbert, wird schon etwas finden. Eine solche »Schleppnetzfahndung« im Internet hat das Bundesverfassungsgericht aber in seinem Urteil vom 27. Februar 2008 verboten. Damit lautet die traurige Nützlichkeitsprognose für die Online-Durchsuchung: Im dramatischen Einzelfall bringt sie nichts; flächendeckend wäre sie verfassungswidrig.

Tagtäglich und überall begleitet uns die *Videoüberwachung* (im Fachdeutsch CCTV, also Close-Circuit-TV). Es gibt kaum noch öffentliche Räume, in denen wir nicht damit rechnen müssten, von einem Kameraauge verfolgt zu werden. Einkaufszentren, Bahnhöfe, Tiefgaragen, Banken, Autobahnen, Fußgängerzonen, Flughäfen – überall soll Beobachtung für »Sicherheit« sorgen. Nicht alle diese Kameras gehören dem Staat, denn auch im privaten Bereich ist das Überwachen schon lange in Mode. Allerdings verwischen die Grenzen, denn die Polizei kann Zugriff auf privat erstellte Überwachungsbilder nehmen.

Die Forderung nach einer Ausweitung der Videoüberwachung ist ein Dauerbrenner, weil Politiker mit ihr öffentlich und für jeden sichtbar beweisen wollen, dass sie etwas für die Sicherheit der Bürger »tun«. Die Videoüberwachung wird als Allheilmittel gegen Kriminalität im Allgemeinen und Terrorismus im Besonderen gepriesen, ungeachtet der Tatsache, dass keine unabhängige Studie den Nutzen dieser Maßnahme belegt. Sämtliche unabhängigen Untersuchungen zeigen hingegen, dass das Filmen der Bürger ihre Sicherheit nicht um einen Deut erhöht. Die Kameras führen nur dazu, dass sich »Bahnhofskriminalität« (Taschendiebstahl oder Drogenhandel) um ein paar Meter verlagert. Auch gelingt es vielleicht, unerwünschte Personen wie Obdachlose, Bier trinkende Jugendliche, Bettler, Skater und Junkies von öffentlichen Plätzen zu verdrängen. Auch österreichische Untersuchungen zeigen die Wirkungslosigkeit der Videoüberwachung auf: Dort hat die Zahl der Banküberfälle zwischen 2001 und 2006 trotz hundertprozentiger Videopräsenz um sage und schreibe 76 Prozent zugenommen.

Aber dienen die Kameras nicht der Aufklärung von Straftaten, wie regelmäßig behauptet wird? Trotz der weltweit umfangreichsten Videoüberwachung wurden in London bislang nur drei Prozent der Fälle, bei denen es Aufzeichnungen gibt, dank der allgegenwärtigen visuellen Kontrolle gelöst. Kein Wunder, dass der Leiter der zuständigen Abteilung beim Scotland Yard die CCTV als »totales Fiasko« bewertet.

Auch bei vermeintlichen Erfolgen erweisen sich Kameras als unzuverlässig, wie jener Hausmeister bestätigen kann, der als Bankräuber verurteilt wurde, nachdem eine Überwachungskamera ihn eindeutig identifiziert hatte. Er saß seine Strafe bis zum letzten Tag ab; nach seiner Entlassung wurde die Tat von dem wirklichen Täter gestanden – acht Jahre Haft, weil er einem Bankräuber ähnelte.

Dessen ungeachtet verkündete der Münchner Polizeipräsident Wilhelm Schmidbauer im Dezember 2007 nach einem brutalen Überfall auf einen Rentner:

»Wer Videoüberwachung (...) in Frage stellt, macht unsere Gesellschaft ein Stück weit unmenschlicher.«

Folgt man der Argumentation des Polizeipräsidenten, wäre der absolute Überwachungsstaat also der menschlichste. Darüber hinaus zeigt sich wieder einmal der kreative Umgang mit den Fakten: Das Verbrechen an dem Rentner war zwar von Kameras gefilmt, aber weder verhindert noch aufgeklärt worden. Die Spur zu den Tätern führte über ein gestohlenes Handy. Trotzdem halten sich die Sicherheitsbehörden anscheinend an einen widersinnigen Grundsatz: Selbst wenn Videoüberwachung versagt oder sich als ineffizient erweist, brauchen wir mehr.

Was das alles mit Kriminalitätsbekämpfung oder gar Terrorabwehr zu tun haben soll, bleibt ein Geheimnis der Sicherheitspolitiker. Warum sollte sich ein Terrorist denn von Kameras abschrecken lassen? Einen Selbstmordattentäter dürfte es wenig interessieren, ob sein Bild später in irgendeiner Datensammlung zu finden ist. Die Bombenanschläge auf die Londoner U-Bahn im Juli 2005 fanden vor den Augen unzähliger Kameras statt. Auch der viel zitierte »Fahndungserfolg« im Fall des »Kofferbombers« aus Köln beweist keineswegs die Tauglichkeit von Kameras zum Schutz vor Terroristen. In Köln wurde zum einen kein Terroranschlag verhindert – der Anschlag scheiterte aus technischen Gründen. Zum anderen wurde der mutmaßliche Täter aufgrund traditioneller Ermittlungsmethoden gefasst (durch einen Tipp des libanesischen Geheimdienstes). Und im Fall des Brasilianers Jean Charles de Menezes, den englische Polizisten in der U-Bahn erschossen, weil sie ihn für einen Terroristen hielten, zeigen die Überwachungsbilder vor allem, dass sich das unschuldige Opfer – entgegen der Aussage der Beamten – keineswegs verdächtig verhalten hatte.

Die Lust an der Videoüberwachung regte sich übrigens schon lange vor dem 11. September 2001. Die CCTV hat bereits in einem Zeitraum weite Verwendung gefunden, als die Zahl der Verbrechen kontinuierlich im Abnehmen begriffen war. So absurd es auch klingen mag: Die Überwachungskameras wurden vor allem deswegen eingeführt, weil das technisch und politisch möglich war. Und weil natürlich eine ganze Industrie gewaltige Summen mit der Entwicklung und dem Verkauf von Sicherheitstechnologien umsetzt.

An dieser (keineswegs abschließenden) Liste von Beispielen zeigt sich ein hanebüchener Trend. Vorangetrieben durch die Medien, verlangen populistische Politiker immer neue Sicherheitsgesetze, die im Vorfeld weder juristisch noch sachlich ausreichend geprüft und im Nachhinein nicht fach- und sachgerecht bewertet werden. Der Versuch, die Grenzen des Zulässigen mit aller Macht zu erweitern, verwandelt das Bundesverfassungsgericht in einen Teilnehmer am Gesetzgebungsverfahren. Außerhalb von Karlsruhe bleiben sachliche Mängel unbeachtet, die politische Frage nach dem Nutzen der Instrumente weitgehend ungestellt.

Aus Sicht der Machtausübenden gibt es keine nutzlosen Kompetenzen; eine freiwillige Rückgabe von Befugnissen kommt systemlogisch nicht in Betracht. Deshalb hat es keinen Sinn, auf die »guten« Absichten unserer demokratisch legitimierten Staatsgewalt zu vertrauen. Absichten können sich jederzeit und von Fall zu Fall ändern; die zur Verfügung stehenden Mittel bleiben dieselben. Vor allem gilt: Je weiter die eingeforderten Mittel vom behaupteten Zweck entfernt sind, desto weniger muss man Verschwörungstheoretiker sein, um sich zu fragen, auf welches Ziel der von Horrorszenarien legitimierte Umbau unserer Gesellschaft eigentlich hinauswill.

Wie leicht sich Eingriffbefugnisse zweckentfremden lassen, bewies im Oktober 2008 der britische Premier Gordon Brown. Im Zuge der Finanzkrise wendete er Anti-Terror-Gesetze an, um die Konten der isländischen Landesbank einzufrieren. So schnell wird ein Land, das noch nicht einmal eine Armee besitzt, zum Terrorstaat. Genauso schnell kann man einen Bürger bei Bedarf zum Terroristen erklären. In Großbritannien werden Anti-Terror-Gesetze bereits auf Ruhestörer und Verkehrssünder angewendet (dazu mehr im 11. Kapitel).

Wenn das nächste Mal für eine Erweiterung von Polizeibefugnissen im Anti-Terror-Kampf gestritten wird, achten Sie einmal auf die Argumentationsstrukturen. Es gibt zwei Muster, die sich eigentlich widersprechen, die aber dennoch je nach Sachlage zum Einsatz kommen: Hat die Polizei einen Fahndungserfolg erzielt wie damals bei der Entlarvung der »Sauerland-Terroristen«, so heißt es, der Fall beweise die Notwendigkeit weiterreichender Kompetenzen für die Sicherheitsbehörden – selbst dann, wenn der Erfolg durch den Einsatz von klassischen Polizei- und Geheimdienstmethoden erzielt wurde (etwa durch V-Männer: Der Sauerland-Gruppe wurde sogar das Bombenmaterial vom amerikanischen und türkischen Geheimdienst geliefert). Liegt kein derart spektakuläres Beispiel vor, dann beweist gerade die Abwesenheit von Erfolgen, dass die Behörden mehr Befugnisse brauchen. Von einer sachlichen Begründung sind beide Argumentationen weit entfernt.

Der staatliche Hunger nach Kontrollmöglichkeiten ist noch lange nicht gestillt. Wenn wir uns nicht wehren, gibt es bald eine Zentraldatei mit den Fingerabdrücken sämtlicher EU-Bürger in Brüssel, und an jedem deutschen Flughafen wird ein

»Nacktscanner« stehen. Apropos Nacktscanner: Erinnern Sie sich an den empörten Aufschrei unserer Politiker, als der entsprechende Vorschlag aus EU-Kreisen laut wurde? Diese Empörung war nichts als Heuchelei. Der Nacktscanner wird mit Geldern des deutschen Forschungsministeriums entwickelt. Dort wird untersucht, ob die verwendeten Röntgenstrahlen gesundheitsschädlich sind. Nicht aber, auf welche Weise uns dieses Gerät vor dem Terrorismus schützen soll.

Sechstes Kapitel
Wer kann in die Zukunft sehen?

»Wer sagt: hier herrscht Freiheit, der lügt,
denn Freiheit herrscht nicht.«
ERICH FRIED

IM MITTELPUNKT DES Science-Fiction-Films *Minority Report* steht eine Behörde namens *Pre-Crime.* Sie betreibt Verbrechensbekämpfung auf die einzig logische und sinnvolle Art, wenn man »Sicherheit« endgültig zum obersten Staatsziel erhoben hat: nicht durch die Aufklärung, sondern durch die Verhinderung von Delikten.

Wer heute eine Straftat aufklären will, ermittelt in die Vergangenheit. Er konzentriert sich auf ein konkretes Geschehen und auf jene konkreten Personen, von denen er vermutet, dass sie es herbeigeführt haben. Wer sich hingegen auf Prävention spezialisiert, muss in die Zukunft blicken. *Pre-Crime* verfügt deshalb über *Pre-Cogs,* nämlich Hellseher oder Medien, deren Voraussagen einen Täter überführen, noch ehe er zum Täter wird. Die Ermittler von *Pre-Crime* haben die Aufgabe, den Täter zu verhaften, bevor er die Tat begeht. Ein scheinbar perfektes System, bis der führende Ermittler selbst in Verdacht gerät.

Bislang planen unsere Behörden weder den Einsatz von Kristallkugeln noch von Tarotkarten, um die Sicherheit im Land zu gewährleisten. Aber sie streben zunehmend nach Prävention. Eigentlich verstanden wir in unserem Rechtsstaat unter Verbrechensbekämpfung die Jagd nach Verbrechern, also nach Menschen, die ein Delikt schon begangen hatten. Traditionelle Kriminalitätsprävention konzentrierte sich vor allem auf soziale Aspekte, zum Beispiel auf möglichst weitreichende Bildung, auf Städteplanung, Familienpolitik, die Vermeidung von Existenznöten und auf eine funktionierende Kultur der Konfliktbewältigung ohne das Eingreifen staatlicher Autorität.

Seit der »Terrorismus« ins Zentrum der Sicherheitspolitik gerückt ist, verlagert sich der Schwerpunkt der Verbrechensbekämpfung ins Vorfeld der Tat. Gesucht werden Verdächtige, die ein Delikt *planen*. Dies ergibt sich zum Teil aus der Natur des Terrorismus. Zum einen hat Strafverfolgung bei Selbstmordattentaten keinen Sinn – man kann den Täter nicht einsperren, wenn er nach »erfolgreicher« Tat nicht mehr am Leben ist. Zum anderen kommt terroristischen Verbrechen im Vergleich zu »gewöhnlichen« Straftaten eine besondere Qualität zu. Sie zielen nicht nur auf Einzelpersonen, sondern in ihrem symbolischen Gehalt auf eine bestimmte Gesellschaftsform oder den westlichen *Lifestyle*. Deshalb richten sich enorme Anstrengungen darauf, solche Vorfälle gar nicht erst geschehen zu lassen. Die Prävention erlangt politische Bedeutung – viel mehr als bei anderen Gewaltverbrechen, deren Opfer genauso dramatisch betroffen sein können. Entgegen allen Behauptungen verteidigt der Staat im Anti-Terror-Kampf nicht die Bürger gegen ein zu befürchtendes Unglück. Er verteidigt sich selbst – gegen die Bürger.

Unsinn, hören wir Sie rufen, doch nicht gegen *Bürger*, sondern gegen *Terroristen!*

Gerade diese Unterscheidung ist gefährlicher als sämtliche Terrorzellen zusammengenommen. Denn vor den Prinzipien der Strafverfolgung sollten alle Menschen gleich sein, und das bedeutet: unschuldig.

Halt, sagen Sie, ein Mensch, der ein Verbrechen plant, kann doch nicht als unschuldig gelten!

Doch. Es ist nicht strafbar, an ein Verbrechen zu denken. Es ist nicht einmal strafbar, sich zu überlegen, wie man es am liebsten begehen würde. Sie können sogar Vorbereitungen treffen – solange Sie nicht versuchen, es auszuführen. Nur in besonderen Fällen gibt es eine Strafbarkeit, die schon im Vorfeld der eigentlichen Tat eingreift, zum Beispiel, wenn sich Täter zu einem schweren Verbrechen verabreden oder wenn jemand einer terroristischen Vereinigung beitritt. Diese Tatbestände sind klar umgrenzt und gesetzlich geregelt, und auch sie knüpfen an Handlungen an, nicht an bloße Ideen oder Pläne. Denn die Gedanken des Menschen sind frei und müssen es bleiben. Jeder von uns soll an seinen Taten gemessen werden, nicht an seinen Fantasien. Im Rechtsstaat existiert keine *Pre-Crime*-Behörde, die Sie haftbar machen könnte für Handlungen, die Sie vielleicht in der Zukunft begehen werden.

Wer nun aber präventiv denkt, hat die Wahl, entweder alle Menschen als potenziell gefährlich einzustufen und sie entsprechend zu behandeln (Kontrolle, Überwachung, Generalverdacht). Oder er unterteilt die Menschen in (gute) Bürger und (böse) Terroristen. In der Praxis verbinden sich die beiden Betrachtungsweisen zu einem Gesamtkonzept. Prävention beschäftigt sich mit der Zukunft, und diese hält – das ist das Wesen der menschlichen Existenz – eine unendliche Vielzahl möglicher Abläufe mit unendlich vielen möglichen Beteiligten bereit. Je weitwinkliger man in die Zukunft zu blicken versucht, desto mehr gilt: Alles kann passieren, jeder ist verdächtig. An die Unschuld eines Menschen zu glauben hieße dann, das zukünftige Böse zu unterschätzen. Ein solches präventives Sicherheitsdenken sieht sich in Deutschland nicht einzelnen möglichen Tätern gegenüber, sondern 82 Millionen Verdächtigen.

Ein volles Bekenntnis zu dieser Sichtweise ist aus politisch-moralischen Gründen (noch?) nicht möglich und praktisch (noch?) nicht umsetzbar (in den USA steht allerdings schon eine Million Menschen auf der Liste der Terrorverdächtigen; monatlich kommen 20000 Personen hinzu). Deshalb muss der Kreis der Vorverurteilten eingegrenzt werden, wofür sich die zweite Betrachtungsweise eignet: Verdächtig sind nicht alle, sondern »die Terroristen«.

Sind Sie noch in der Lage, sich einen Bürger und einen Terroristen als ein und dieselbe Person vorzustellen? Oder werden Sie das Gefühl nicht los, dass Terroristen irgendwie »anders« sind, dass sie außerhalb der Gesellschaft stehen, nicht mit denselben Maßstäben gemessen werden können wie »normale« Menschen? Schaffen Sie es, »Bürger« und »Terrorist« zu denken und sich dabei einen bestimmten Menschen vor Augen zu rufen? Wenn nicht, zeigt die Propaganda der vergangenen Jahre bereits fatale Wirkung.

Für die Akzeptanz der aktuellen Sicherheitspolitik ist es entscheidend, dass Sie den »Terroristen« als eine eigene Spezies betrachten, die sich von Ihnen selbst grundsätzlich unterscheidet. Der »Terrorist« muss entmenschlicht werden. Nur dann kann Ihnen suggeriert werden, eine Sicherheitsmaßnahme sei allein gegen »Terroristen« gerichtet, selbst wenn ganz offensichtlich (wie bei der Vorratsdatenspeicherung, der Fluggastdatenspeicherung, den Fingerabdruck-Pässen, der Videoüberwachung, den Nacktscannern etc.) alle Bürger davon betroffen sind. Per Trugschluss wird Ihnen die Einschränkung Ihrer Rechte schmackhaft gemacht: Es sind eben nicht »Ihre« Rechte, die beschnitten werden, sondern »nur« jene der »Terroristen«. Und bekanntlich erträgt man die Not der anderen mit großer Geduld.

Die Unterscheidung zwischen Bürger und Terrorist hat also rhetorische und praktische Gründe. Der Kreis der Verdächtigen muss sowohl im politischen Sicherheitsdiskurs als auch für die tägliche Polizeiarbeit eingegrenzt werden. Weil dies im präventiven Bereich nicht durch Ermittlungen in die Vergangenheit erfolgen kann, kommen die Mechanismen der Selektion zum Tragen. Während die Strafverfolgung in einem konkreten Fall einen deutschen, christlichen Mörder gleichermaßen betreffen würde wie einen Mörder islamischen Glaubens und pakistanischer Herkunft, gerät im Rahmen von Präventionsstrategien Letzterer mit erheblich höherer Wahrscheinlichkeit ins Blickfeld der Ermittler. Es geht um Milieus, um Szenen, um Religionszugehörigkeiten, Lebensgewohnheiten, um (mit den Worten des hessischen Innenministers) »islamistisches Potenzial«. In den Äußerungen von Sicherheitsexperten werden Sie eine ganze Reihe von Begriffen finden, die Zielpersonen des Anti-Terror-Kampfes auf diese Weise beschreiben. Man redet uns immer wieder aufs Neue ein, der Gegner sei eine klar umrissene Gruppe: Terroristen, Islamisten, Dschihadisten, al-Qaida, Gefährder, Glaubenskrieger und so weiter und so fort.

Diese sprachliche Distanzierung und die damit verbundenen Irrtümer funktionieren besonders gut, weil die »Gefährder« in der Vorstellung von Öffentlichkeit und Politik nicht an erster Stelle durch ihre Gewaltbereitschaft, sondern durch ihre Religion und Herkunft gekennzeichnet sind. Ein »islamistischer Terrorist« hat schwarze Haare und dunkle Haut, er spricht Arabisch und kommt aus dem Nahen Osten. Anders als RAF-Terroristen oder der Oklahoma-Bomber entstammt er nicht »der Mitte der Gesellschaft«. Er steht am Rand, mischt sich unter die anderen Einwanderer, jene sozial schwachen, schlecht integrierten und deshalb irgendwie problematischen ausländischen Mitbürger. Doch dann kommt ein Konvertit daher, der durch seine Existenz alles in Frage stellt – es stellt sich etwa heraus, dass zwei von drei Mitgliedern der »Sauerland-Gruppe« zum Islam konvertierte Deutsche waren. Und schon verwischen die Definitionen und Eingrenzungen. Die zweite Perspektive löst sich in der ersten auf.

Hier tritt ein Grundproblem der Terrorismusbekämpfung zutage. Sicherheitsstrategien, die auf Prävention statt auf Strafverfolgung gerichtet sind, leiden an einem Geburtsfehler: Sie sind ihrem Wesen nach schwer mit rechtsstaatlichen Prinzipien wie der Unschuldsvermutung, dem Gleichbehandlungsgrundsatz oder den Diskriminierungsverboten vereinbar.

Juristisch gesehen folgt daraus, dass neue Sicherheitsgesetze, die im Geiste der Prävention ausgearbeitet werden, häufig mit der Verfassung kollidieren (solange diese noch von den Verfassungsrichtern in Karlsruhe verteidigt wird). Maßnahmen, die nicht der Verfolgung eines Verdachts, sondern der Verdachtsgewinnung dienen, sind entweder flächendeckend (und damit unverhältnismäßig) – oder nutzlos. Prävention verlangt abstrakte Informationsgewinnung. Unsere Verfassung verlangt, dass Unschuldige nicht oder möglichst wenig von staatlichen Eingriffen in Mitleidenschaft gezogen werden. Je schmerzlicher der Eingriff in bürgerliche Freiheiten, desto konkreter muss der entsprechende Grund sein. Schwere Eingriffe wie Hausdurchsuchungen, Lauschangriffe, das Abhören von Telefonen oder gar die Verhaftung von Verdächtigen waren deshalb traditionell nur im Bereich der Strafverfolgung zulässig. Leichtere Eingriffe, die der Polizei auch zu präventiven Zwecken zur Verfügung stehen, waren außerhalb der Terrorismusbekämpfung nur beim Vorliegen einer *konkreten* Gefahr erlaubt. Um das Wesen einer solchen konkreten Gefahr klarzumachen, benutzen Juradozenten ein plakatives Beispiel: Sollte jemand mit einem Löwen an der Leine am Samstagnachmittag durch eine belebte Innenstadt spazieren, läge erst einmal nur eine *abstrakte* Gefahr vor, die der Polizei begrenzte Kompetenzen gibt, etwa den Löwenbesitzer zu fragen, ob das Tier gefährlich ist. Erst wenn der Löwe sich von der Leine befreit, sich offensichtlich aggressiv verhält oder gar angreift, liegt eine konkrete Gefahr vor, die es der Polizei erlaubt einzugreifen, je nach Situation sogar den Löwen zu töten.

Wer an dieser Betrachtungsweise etwas ändert, wer also, um im Bild zu bleiben, schon den Löwen an sich (und nicht erst sein Verhalten) als konkret gefährlich einstuft, schafft nicht nur ein paar neue polizeiliche Kompetenzen. Er zielt auf einen Paradigmenwechsel, auf ein neues Verständnis von Staat und Bürger und ihres Verhältnisses zueinander.

Falls Sie, lieber Leser, noch in der Lage sind, »Bürger« und »Terrorist« als eine menschliche Einheit zu denken, müssen wir Ihnen leider mitteilen: Führende Juristen und Politiker unseres Landes können oder wollen das nicht mehr. In den USA wurde die Figur des »feindlichen Kombattanten«, für den ein spezielles Recht gilt, bereits in Gesetzesform gegossen. Ein wenig hinken wir der amerikanischen Entwicklung noch hinterher; so zeigen zum Beispiel die Untersuchungsausschüsse zu den Fällen Kurnaz und al-Masri, dass die Kontrollfunktion des Parlaments gegenüber dem Handeln der Exekutive noch funktioniert. Allerdings plädieren auch deutsche Rechtsprofessoren bereits für die Einführung eines »Feindrechts«. So vertritt der Strafrechtsprofessor Günther Jakobs die Auffassung, dass das normale Strafrecht für Terroristen ungeeignet sei, weil dadurch »dem Staat eine Bindung auferlegt wird – eben die Notwendigkeit, den Täter als Person zu respektieren –, die gegenüber einem Terroristen, der die Erwartung generell personalen Verhaltens gerade nicht rechtfertigt, schlechthin unangemessen ist«. Dieses Zitat muss man sich auf der Zunge zergehen lassen: Der Terrorist ist keine »Person« – sondern ein Feind.

Seit dem Untergang des Nationalsozialismus zählte es zu den großen Leistungen der Bundesrepublik, nicht noch einmal einen »inneren Feind« zu postulieren. Selbst der RAF gelang es letztlich nicht, der Gesellschaft einen Feindbegriff aufzuzwingen, der sie von einer Verbrecherbande zur Krieg führenden Partei befördert hätte. Angesichts des »islamistischen Terrors« hat sich das geändert, nicht einmal schleichend, sondern trampelnd und lärmend. Für viele Meinungsführer gibt es ihn wieder, den Menschen zweiter Klasse, eine Person ohne Personenqualität, die vogelfrei außerhalb der Gesellschaft steht.

Zum Präventionsstaat gehört deshalb auch die geheimnisvolle Fähigkeit von »Fachleuten« und »Experten«, einwandfrei zwischen »Bürgern« und »Unpersonen« zu unterscheiden, ohne dass diese Entscheidungen überprüft werden könnten. Viele der Gefangenen in Guantánamo und in Bagram (dem fast vergessenen Gefängnis in Afghanistan, wo sechshundert »feindliche Kombattanten« festgehalten werden) können weder freigelassen noch vor Gericht gestellt werden, weil ihre Gefährlichkeit als gesichert gilt, ohne beweisbar zu sein. Den Ermittlern in *Minority Report* wäre das nicht passiert. Darum geht es in Wahrheit bei der Forderung nach immer mehr Überwachungsbefugnissen: Pre-Crime braucht Pre-Cogs.

Siebtes Kapitel
Warum lassen wir uns das gefallen?

> Wir leben in einer Zeit der Schnüffelei.
> Heutzutage bedroht man Menschen nicht mit
> einem Dolch, sondern mit einem Dossier.
> VANCE PACKARD

IHR BADEZIMMER WIRD renoviert – rutschsichere Matten, überall Haltegriffe, denn Sie haben erkannt: Die tatsächliche Gefahr droht durch nasse Bodenfliesen. Sie geben den Handwerkern letzte Anweisungen und fahren zur Arbeit. Im Büro stellen Sie fest, dass Sie wichtige Unterlagen zu Hause vergessen haben. Also eilen Sie in der Mittagspause zurück. Sie schließen die Wohnungstür auf, es ist still, wahrscheinlich essen die Handwerker gerade zu Mittag. Sie gehen direkt in Ihr Arbeitszimmer und trauen Ihren Augen nicht: Vor Ihrem privaten Rechner sitzt der Fliesenleger mit einer Tasse Kaffee in der Hand und liest sich quer durch Ihre Dateien. Was tun Sie, sobald Sie die Fassung zurückgewonnen haben?

Sie schreien ihn natürlich an, Sie stellen ihn zur Rede. Er wollte nur einmal gucken, sagt der Fliesenleger ganz entspannt, ob Sie Steuern hinterziehen, Schwarzarbeiter beschäftigen oder illegal Musik kopieren. Seine Rechtfertigung überzeugt

Sie kein bisschen, Sie schmeißen ihn raus. Sie überlegen sogar, Anzeige zu erstatten, bei jener Polizei, die gern dasselbe tun würde, was sich der Fliesenleger erlaubt hat – sich quer durch Ihre Dateien lesen.

Oder stellen Sie sich vor, wie Sie den Marktplatz überqueren und irgendein unverschämter Kerl filmt Ihnen mit seiner Handy-Kamera direkt ins Gesicht. Die öffentliche Videoüberwachung dokumentiert, wie Sie ihn zurechtweisen.

Oder Sie telefonieren im Wohnzimmer und bemerken plötzlich ein leises Klicken, weil im oberen Stockwerk das zweite Telefon abgehoben wurde – jemand hört das Gespräch mit. Später am Abend führen Sie ein ernstes Gespräch mit Ihrem Mann oder Ihrer Frau über Misstrauen in zwischenmenschlichen Beziehungen.

Ist das nicht merkwürdig? In Ihrem Privatleben würden Sie es weder Fremden noch Angehörigen erlauben, in Ihren Sachen zu schnüffeln, Sie zu bespitzeln oder zu belauschen. Sie würden das mit allen Mitteln zu verhindern suchen. Zu große Neugier ist unanständig. Sie empfinden ein Gefühl des Widerwillens, wenn jemand plötzlich auffällig viel über Sie wissen möchte. Dieses Gefühl ist natürlich und notwendig. Es schützt einen Bereich, in dem uns andere Menschen gefährlich werden können, weil wir nicht wissen, wie sie intime Informationen nutzen wollen – wir benötigen eine Art persönlicher Bannmeile. Wir sträuben uns, wenn andere uns zu nahe kommen. Das gilt nicht zuletzt auch in körperlicher Hinsicht – ganz automatisch machen Sie in einer Warteschlange einen Schritt nach vorn, wenn Ihnen der Hintermann in den Nacken atmet.

Und wenn diese anderen Menschen den Staat repräsentieren? Dann soll Ihnen die Bespitzelung egal sein? Sie ertragen die Aufdringlichkeit und trösten sich damit, Sie hätten ja »nichts zu verbergen«?

Sie erwidern, das sei etwas anderes, weil der Staat für sein Verhalten gute Gründe habe. – So? Hat er die grundsätzlich, weil er wie Gott auf Erden ist, fehlerfrei und über jeden Verdacht erhaben? Oder prüfen Sie in jedem Fall, wie es um seine Legitimation bestellt ist? Agieren im Namen des Staates nicht Menschen, die bestimmte eigene Interessen verfolgen? Die sich auch mal irren oder bewusst in die Irre führen? Beweisen nicht unzählige Beispiele aus der Geschichte, dass der Staat Ihnen viel gefährlicher werden kann als jeder neugierige Fliesenleger oder eifersüchtige Ehepartner?

Und was ist mit Ihren Prinzipien? Jeder von uns reagiert genervt, wenn im Café irgendein Unbekannter offensichtlich unser Gespräch belauscht oder uns beim Zeitunglesen über die Schulter schaut. Ein solches Verhalten ist Ausdruck von Respektlosigkeit. Wer ein Empfinden für die Würde der eigenen Person besitzt, wird sich so etwas nicht gefallen lassen. Was also ist los mit einem Menschen, dem es egal ist, ob ein Fremder seine privaten E-Mails liest? Hat er seinen Stolz, seine Würde, überhaupt jeden Bezug zu sich selbst verloren? Weiß er nicht mehr, was ein Mensch ist?

Um Sie, lieber Leser, nicht zu beleidigen, wollen wir diesem Jemand einen Namen geben: Achim Angepasst. Achim gehört zur Was-ich-nicht-weiß-macht-mich-nicht-heiß-Fraktion. Weil er die einschlägigen Zeitungsmeldungen nicht ernst nimmt, sich für Details nicht interessiert und Datenschützer für paranoide Wichtigtuer hält, weiß er nichts von den Veränderungen in unserer Gesellschaft. Selbst das Abhören seiner privaten Telefonate würde Achim nicht stören, solange er nichts davon merkt.

Achim ist naiv. Außerdem ist er ein geübter Selbstbetrüger, dem es ausschließlich um ein bequemes Leben und den persönlichen Vorteil geht. An jeder Supermarktkasse hinterlässt er seinen kompletten Datensatz, wenn man ihm dafür ein paar läppische Rabattpunkte anbietet, die er bei Gelegenheit gegen einen Satz Frotteehandtücher oder eine Salatschüssel eintauschen kann. Achims Portemonnaie wölbt sich vor lauter Plastik: *Payback*- und Kundenkarten von Drogerien, Tankstellen und seinem Friseur. Achim kommt sich schlau vor, er will von den vielen Angeboten profitieren. Dabei übersieht er, dass der Kapitalismus kein karitatives System ist, weshalb alles, was man ihm abkaufen oder abluchsen will, ein Vielfaches an Wert besitzen muss. Kritisches Nachdenken ist Achim zu anstrengend; was er nicht sehen oder fühlen kann, interessiert ihn nicht. Das Wirtschaftssystem hat ihn zu einem gehorsamen Kunden erzogen, der auf Anfrage sofort jede beliebige Auskunft über sich selbst erteilt.

Wann wird Achim ein Licht aufgehen? Wenn er bei der Bank keinen Kleinkredit erhält, weil er im falschen Stadtteil wohnt und in den falschen Läden einkauft? Wird er dann auf einmal die Wirtschaft, die Politik und das Universum anklagen, weil sie alle nichts Besseres zu tun haben, als den »kleinen Mann von der Straße« auszubeuten? Oder wird er auch dann missmutig schweigen und alles hinnehmen?

An das alltägliche Datensammeln hat sich Achim dermaßen gewöhnt, dass ihm sämtliche Maßnahmen des Staates, wenn er sie einmal zur Kenntnis nähme, vergleichsweise harmlos erscheinen würden. Außerdem ist Achim hundertprozentig sicher, ein so braver Mensch zu sein, dass er niemals ins Fadenkreuz der Behörden geraten wird. Das bisschen Steuerhinterziehung und Schwarzarbeit verbucht er unter »Kavaliersdelikte«. Grundsätzlich ist er ein gehorsamer Bürger. Ein Konflikt mit den Autoritäten ist für ihn undenkbar. Achim widerspricht seinem Chef nicht und kuscht vor jedem Polizisten. Er würde nicht einmal gegen Unrecht protestieren, das zum Himmel schreit. Achim besitzt kein Mitgefühl für Menschen, die mit dem Staat aneinandergeraten. Die sind alle irgendwie selbst schuld, Ausländer, Drogenabhängige, jugendliche Randalierer, politische Extremisten. Kein Rauch ohne Feuer, und wo gehobelt wird, da fallen Späne. Wenn Achims Nachbar von der Polizei abgeholt würde, stünde Achim am Fenster und würde sich selbst einreden, dass der sympathische und stets hilfsbereite Nachbar schon irgendetwas Schlimmes angestellt haben wird: Da schau mal einer an, was hinter einer netten Fassade lauern kann! Achim ist der vollendete Untertan. Er ist das personifizierte Versprechen, der Obrigkeit niemals aufzufallen.

Es gibt noch einen weiteren Grund, aus dem es Achim nicht stört, wenn er am Bahnhof von Videokameras gefilmt wird. Wenn man ihm einredete, diese Kameras seien mit dem Internet verbunden und die Bilder weltweit abrufbar, würde er grinsend und mit gerecktem Victory-Zeichen vor den Kameras auf und ab tanzen und vielleicht noch »Papa, can you hear me? Papa, can you see me?« singen. Denn Achim findet sich selbst hochinteressant und will sich der Welt nicht vorenthalten. Er stellt Fotos von seinen Kindern ins Netz. Sein Hund hat eine eigene Homepage. Achim hat User-Profile bei *Facebook*, *MySpace* und *YouTube*. Er spricht in Foren über seine Seitensprünge und leistet Trauerarbeit, weil ihn seine Frau verlassen hat. Auf der anderen Seite liest sich Achim auch gern durch die privaten Geschichten anderer Teilnehmer und schaut sich die Urlaubsfotos von Fremden an. Vielleicht macht das Kommunikationszeitalter einsam, doch gewiss nicht aus Mangel an Bekannten – man sehe sich Achims virtuelle Freundeslisten an.

Insgesamt bedeutet das Internet für Achim die perfekte Synthese zwischen Exhibitionismus und Voyeurismus. Er liebt es, sich selbst zu veröffentlichen, weil es ihm das wunderbare Gefühl gibt, tatsächlich »da« zu sein, relevant und vielleicht sogar ein bisschen unsterblich. Die anderen veröffentlichten Existenzen beweisen ihm, dass er nicht allein ist. Wenn sich nun neben dem Netz auch noch der Staat für Achim interessiert – warum nicht? Er kann verstehen, dass jemand seine Meinungen lesen will. Die sind auch wirklich außergewöhnlich.

Sie, lieber Leser, sind bestimmt kein narzisstisch veranlagter, rabattgieriger Untertan wie Achim Angepasst. Ein jeder von uns ist mit seinem jeweiligen Alltag beschäftigt. Wir sind abgelenkt, während Gesetze geändert und Argumente geschmiedet werden. Aber wenn Sie etwas Beunruhigendes erfahren, nehmen Sie es mit allem gebotenen Ernst wahr und denken darüber nach. Es hat wohl andere Gründe, dass Sie sich nicht gegen den Aufbau eines Überwachungsstaats wehren. Sie sind gewissermaßen ein zu guter Demokrat. Sie lieben die persönliche Freiheit. Sie halten die Demokratie für ein gutes System oder zumindest für das beste unter den schlechten. Aber »Demokratie« ist kein Glaubensbekenntnis, sondern ein Verfahren zur Verteilung und Eindämmung von Macht. Es gehört gerade zur demokratischen Idee, die Eingriffsbefugnisse des Staates zu beschränken, um den freiheitlich denkenden und handelnden Bürger zu stärken – durchaus auch auf Kosten der staatlichen Effizienz. Solche Beschränkungen der Macht entspringen nicht einer humanistischen Freundlichkeit des Staates gegenüber seinen Bürgern. Sie sind praktische Existenzbedingung unserer Staatsform. Der von staatlichen Eingriffen bedrängte Bürger könnte nämlich seine Mitwirkungsrechte nicht mehr adäquat ausüben, und die Demokratie wäre schnell dahin.

Sie, lieber Leser, wissen das natürlich – aber Sie *fühlen* es nicht mehr. Die Demokratie ist Ihnen selbstverständlich geworden. Sie können sich nicht vorstellen, dass in einem über Jahrzehnte hinweg friedlichen Land wie Deutschland die Demokratie von innen heraus in die Brüche gehen könnte.

Sie meinen, es müsse doch letztlich darauf ankommen, *welcher Sorte* Staat man erweiterte Befugnisse überlässt und *zu welchem Zweck.* Unser Staat sei schließlich kein Unrechtssystem, denken Sie, sondern – voilà! – eine Demokratie. Menschen wie Merkel, Steinmeier oder Westerwelle wollen den Bürgern im Land doch nicht übel! Herr Schäuble erfindet doch nicht Überwachungsgesetze, weil er den Weg in die nächste Diktatur sucht, sondern weil er uns gegen unsere Feinde verteidigen will!

Mag sein. Aber das ist nicht der Punkt. Gut gemeint ist oftmals das Gegenteil von gut. Man kann viel von Frieden reden und der drittgrößte Waffenexporteur der Welt sein. Man kann das Beste wollen und Menschen foltern. Das beweist nicht nur die Geschichte, sondern auch die unmittelbare Gegenwart. Deutschland hat mehrere internationale Konventionen unterschrieben, die das Foltern verbieten, und es gibt das Grundgesetz, dessen Menschenwürdebegriff vor Folter schützt und nicht einmal von einer verfassungsändernden Zweidrittelmehrheit abgeschafft werden könnte. Trotzdem wird hierzulande öffentlich darüber nachgedacht (und zwar keineswegs von Extremisten, sondern von angesehenen Staatsrechtsprofessoren), ob man für Terroristen nicht eine Ausnahme vom Folterverbot machen müsste. Andere westliche Demokratien vollziehen solche Ausnahmen bereits; die deutschen Behörden wollen immerhin die durch Folterpraktiken gewonnenen Informationen verwerten.

Was muss noch passieren, um Ihren Glauben zu erschüttern, bei uns im modernen Rechtsstaat seien die Schlupflöcher ins Unrechtssystem auf immer fest verschlossen?

Natürlich glauben Sie, auf der unfehlbaren Seite der Welt zu leben, weil es eben Ihre Seite ist. Leider macht Liebe ihren Gegenstand weder harmlos noch ewig – dafür macht sie unter Umständen blind. Sonst müssten Sie sehen, dass es kein *per se* »gutes« System geben kann, dessen »guten« Zielen man in Krisenzeiten bedenkenlos hart erkämpfte Rechte opfern darf. Glauben Sie, diese Rechte nur unter der Bedingung abzugeben, dass der Staat »gut« bleibt? Ein Staat wird gewiss nicht besser durch eine Erweiterung seiner Befugnisse, im Gegenteil – je mehr Macht er konzentriert, desto größer die Gefahr von Missbrauch. Und man wird Ihnen Ihre Rechte ganz bestimmt nicht an dem Tag zurückgeben, an dem Sie diese zurückfordern.

Achtes Kapitel
Angst *sells*

> Untergangspropheten, die vom Pessimismus leben – und gar nicht schlecht –, empfinden jede Art von Zuversicht zwangsläufig als Existenzbedrohung.
> BOB HOPE

ES VERGEHT KAUM ein Tag, an dem die Medien nicht von Anschlägen berichten. Vierzig Tote bei Selbstmordattentat in Bagdad; fünf durch eine Autobombe in Kabul. Das rauscht vorbei wie Staumeldungen. Zwanzig Tote bei Explosion in Mogadischu. Wenn es um »Terrorismus« geht, wird sogar Afrika interessant, wo 3000 Kinder, die täglich an Malaria sterben, keine Meldung wert sind.

Gibt es keine Anschläge zu vermelden, werden uns Bedrohungen vor Augen geführt. Wir erfahren von Verdächtigen und ihren Plänen. »Die deutsche Islamisten AG« titelt etwa der FOCUS und wälzt die erstaunliche Nachricht, dass es auch gewalttätige Fanatiker deutscher Herkunft gebe, auf zwölf Seiten aus. Der Inhalt ist konfus. Unter der Überschrift »Das ganze Land erobert« wird von dreißig bis vierzig »Gotteskriegern« gesprochen. Einer dieser »jungen, zum Sterben bereiten Männer« trifft sich mit dem FOCUS-Journalisten und parliert im

Café über Islamismus. Im Hintergrund raunen anonyme Sicherheitsbeamte: »Die ganze Rhein-Main-Schiene ist verseucht.« Der Mangel an konkreten Hinweisen hindert den FOCUS nicht daran, eifrig über grausige Gefahren zu spekulieren.

Erst der Finanzkrise ist es gelungen, den Terrorismus von Platz eins der medialen Charts zu verdrängen. Die Gefahr eines leeren Geldbeutels ist auf einmal wichtiger als die apokalyptische Bedrohung des Abendlandes – das wirft ein Schlaglicht auf die Manipulierbarkeit der Öffentlichkeit wie auch auf unsere wahren Prioritäten.

Gewiss: In einer modernen Demokratie gibt es keinen Propagandaapparat. Die Presse ist nicht der verlängerte Arm eines Informationsministeriums; eher noch wirken die Politiker in ihrem Kampf um ein paar Sekunden Sendezeit manchmal wie Marionetten einer übermächtigen Meinungsmaschine. Und trotzdem arbeiten Journalismus und Politik beim Thema Terrorismus so einträchtig zusammen – man könnte zum Verschwörungstheoretiker werden.

Das gebetsmühlenartige Heraufbeschwören der terroristischen Bedrohung schürt Angst, und Angst macht gefügig. Im Angesicht der Gefahr gibt man Freiheit zugunsten (vermeintlicher) Sicherheit auf. Ohne Angst ist kein (Überwachungs-)Staat zu machen. Ohne die treuherzige Terrorberichterstattung der Medien wären Online-Durchsuchung, Videoüberwachung von Wohnungen oder der militärische Abschuss von Passagiermaschinen nicht durchsetzbar.

Warum betätigen sich die Medien bei der Massenverängstigung an vorderster Front? Warum tragen sie mit ihrer Rhetorik dazu bei, dass es auf einmal wieder zwei Klassen von Menschen gibt: Personen (Bürger) und Unpersonen (Gefährder, Terroristen)? Wieso bereiten sie auf diese Weise dem Umbau des Rechtsstaats in einen Präventivstaat den Boden?

Fragte man einen beliebigen Redakteur, nach welchen Kriterien er seine Meldungen auswählt, erhielte man in den meisten Fällen zur Antwort: nach der Verkäuflichkeit. In Krisenzeiten steigen Einschaltquoten und Zeitungsauflagen, also wird dafür gesorgt, dass immer Krise ist. Täglich wird nach dem dicksten »Aufreger« gesucht. *Good News Is No News.* Oder auch: *Angst sells.* Dieses Prinzip teilen sich die Journalisten mit den Politikern. Das gemeinsame Ziel, egal, ob bewusst oder unbewusst, führt zu einer dynamischen Symbiose, in der warnende Sicherheitsexperten und katastrophenverliebte Medien den Schulterschluss üben.

Bevor neue Gesetze erlassen werden, muss die Akzeptanz der Öffentlichkeit vorbereitet werden. Die Einschränkung von Rechten kann nur mit Gefahren für die Gesellschaft und den Einzelnen gerechtfertigt werden. Die »terroristische Bedrohung«, auf die wir schon ausgiebig im dritten Kapitel eingegangen sind, geht sprachlich Hand in Hand mit dem neuerdings so beliebten Begriff des »Terrorverdächtigen«. Die Logik ist einfach: Wo Gewalt droht, müssen Verdächtige lauern.

Entsprechend haben sich die »Terrorverdächtigen« in den letzten acht Jahren explosionsartig vermehrt. Die *tageszeitung* etwa hat den Begriff (in allen seinen Abwandlungen) vor dem 11. September 2001 kaum benutzt – bis 1999 ganze zweimal, im Jahr 2000 wiederum zweimal, 2001 viermal. Danach setzte eine wahre Inflation ein: 2002 46-mal; 2003 75-mal; 2004 114-mal; 2005 132-mal; 2006 95-mal und 2007 102-mal. Bei der altehrwürdigen *Neuen Zürcher Zeitung* ergeben sich ähnliche Zahlen: eine Hausse nach dem 11. September 2001 von 680 faustdicken Verwendungen.

Von den meisten Journalisten wird der Begriff nicht nur inflationär, sondern auch völlig unkritisch gebraucht: »Nach der Verhaftung dreier Terrorverdächtiger in Deutschland haben die Befürworter schärferer Gesetze Oberwasser.« (*NZZ*, 13. September 2007) – Was häufig publiziert wird, muss noch lange keinen Sinn ergeben. Denn wenn die drei Verhafteten tatsächlich nur verdächtig sind, ist der Pegelstand im Normalwert, und wenn sie sich als Täter erweisen sollten, was abzuwarten ist, bewiese der Erfolg der Ermittlungen eher, dass die bisherigen Kompetenzen der Behörden ausreichen und eben keine »schärferen Gesetze« erforderlich sind. Und überhaupt, von welchem »Oberwasser« ist die Rede – solange es doch vor allem die Medien selbst sind, die der Forderung eines Politikers »Oberwasser« verleihen können? Formulierungen wie diese schüren Furcht und spitzen die öffentliche Diskussion zu. Der »Terror« am Anfang des Begriffs »Terrorverdächtiger« dominiert die Wahrnehmung – dass es nur um einen Verdacht geht, wirkt dagegen wie ein nebensächlicher, nachgetragener Gedanke, eine nicht weiter zu beachtende Fußnote.

Dabei stört es die Angstmacher wenig, dass sie ein Problem mit der Empirie haben. Denn abgesehen von den drei großen Anschlägen in New York, London und Madrid ist die westliche Welt trotz täglicher Unkenrufe fast völlig vom Terror verschont geblieben. Die überwiegende Zahl der Anschläge findet im Irak und in Afghanistan statt; dementsprechend sind die Opfer überwiegend Iraker und Afghanen. Dort hätte man mehr Grund, von einer terroristischen Bedrohung zu sprechen – jene ist allerdings eher Folge von zwei Angriffskriegen durch die USA und nicht von angeblich unzureichenden (deutschen) Sicherheitsgesetzen.

In Ermangelung sichtbarer Gefahren müssen außergewöhnliche Bedrohungen heraufbeschworen werden. Gern wird dabei mit *Worst-case*-Szenarien operiert: Ein Flugzeug voller unschuldiger Bürger könnte auf den Messeturm in Frankfurt zurasen (dabei ist seit knapp acht Jahren kein Flugzeug mehr von Terroristen entführt worden). Ein Koffer mit einer Nuklearbombe könnte irgendwo in Berlin deponiert werden. Wie viel nüchterner gehen wir im Vergleich dazu mit tatsächlich unausweichlichen Problemen um, die unsere Zivilisation und Gesellschaft in Frage stellen: wachsende Armut, mangelnde Bildung, Umweltschäden.

Gelegentlich erobert die Suche nach neuen Terrormeldungen absurdes Neuland. Zum Beispiel bei der Erfindung des »Öko-Terrors« – in Zusammenarbeit von Polizei und Medien – kann man beobachten, dass sich die Mechanismen der Angstmacherei mühelos vom Bereich des »radikalen Islamismus« auf die unbequeme Zivilgesellschaft übertragen lassen. Am 10. November 2008 titelte *Der Standard* in Wien: »Britische Polizei fürchtet Öko-Terroristen«. Im folgenden Bericht wird der *Observer* zitiert (die renommierteste englische Sonntagszeitung): Eine britische Sondereinheit habe eine Liste mit Anschlagszielen von einheimischen Umweltterroristen entdeckt. Im Brennpunkt steht die Organisation *Earth First!*, ein Dachverband unterschiedlicher grüner Vereine und Gruppen, die vor allem Öffentlichkeitsarbeit betreiben und Sommerlager für Minderjährige organisieren. Koordinierte Attacken gebe es zwar noch keine, erklärt eine anonyme Polizeiquelle, aber die Polizei sei überzeugt, dass entsprechende Strategien und taktische Manöver bald entwickelt würden (wieder einmal ist die Katastrophe nur eine Frage des »Wann«, nicht des »Ob«). Anschläge gegen Menschen seien nicht ausgeschlossen. »Wir haben mehrere Stellungnahmen entdeckt, laut denen vier Fünftel der Menschheit sterben müssen, um anderen Arten das Überleben zu ermöglichen.« Diese Unterstellung wird im *Observer* noch zweimal wiederholt. Nachdem das Gespenst des größten Massenmordes der Geschichte an die Wand gemalt worden ist, reibt sich der gemeine Leser verwundert die Augen über die einzige schreckliche Aktion, die als Beleg angeführt wird: Ende August seien in Berlin sieben Bankfilialen einem schlimmen Vandalismus zum Opfer gefallen – Türschlösser und Kartenleser seien mit Superkleber beschmiert und das Graffito »Nein zu britischer Kohle« hinterlassen worden. Die Artikel sprechen von »Angst« und »Sorge« der Behörden, von »Fanatismus« und »illegaler Sabotage« der Aktivisten. Beweise für die Beschuldigungen werden nicht geliefert.

In Wirklichkeit sind die Umweltaktivisten, die unter dem Dachverband von *Earth First!* organisiert sind, pazifistisch eingestellt. Es hat von ihrer Seite bislang keinen einzigen Angriff gegen Menschen gegeben. Einige wenige Aktionen haben sich gegen Sachwerte gerichtet, was viele Umweltaktivisten (darunter auch der Friedensnobelpreisträger Al Gore) angesichts der Umweltverwüstung durch manch einen Konzern als eine legitime Form von zivilem Ungehorsam bewerten. Gleichgültig, wie man zu Protestaktionen wie jenen bei Gorleben steht – mit Terrorismus haben sie nichts zu tun. Trotzdem sprechen Medien und Politik seit geraumer Zeit von »Öko-Terrorismus«. Damit sind nicht etwa Umweltsünder gemeint, sondern eine Minderheit, die sich aktiv für eine sauberere Umwelt und ein nachhaltigeres Wirtschaften einsetzt. Solche Diffamierungen bahnen den Weg für weitere repressive Maßnahmen der Staatsorgane (denn wo Terrorismus draufsteht, muss auch Terrorismus drin sein) und damit für Gesetze, die unsere Grundrechte einschränken.

Im genannten Beispiel wurde der *Observer* gezwungen, seine Meldung zurückzuziehen (nachdem die Polizei auf wiederholte Anfragen ihre Verdächtigungen nicht belegen wollte), doch meist segeln solche Artikel ohne anschließende Gegendarstellung durch die weit offenen Tore der Informationsgesellschaft. Regelmäßig warnt uns die Presse vor weiteren Gefahren, verkündet, es seien Attentäter auf dem Weg zu uns, und die Tatsache, dass die erwarteten Anschläge ausbleiben, wird großzügig mit Schweigen übergangen.

Bemerkenswert in diesem Zusammenhang ist die beinahe lückenlose Einheitsfront, in der sich die Medien zusammengefunden haben. Welche Zeitung, welches Fernsehprogramm würde es wagen, den »Ernst der Lage« und das »Ausmaß der Bedrohung« kritisch in Frage zu stellen? Welcher Journalist will sich als »Terroristenversteher« in Verruf bringen, indem er Notwendigkeit und Nutzen der staatlichen Terrorismusbekämpfung ernsthaft in Zweifel zöge? Diskutiert werden allenfalls Details; vielleicht findet ein Kommentator die Online-Durchsuchung nicht so richtig in Ordnung; einem anderen wiederum kann es mit neuen Sicherheitsgesetzen gar nicht schnell und weit genug gehen. Aber wer stellt die Gretchenfrage: Ist das Abendland, ist unsere Zivilisation tatsächlich in Gefahr, und wenn ja, wodurch? Anscheinend hat fast der gesamte Medienbetrieb die Prämisse geschluckt, dass der Terrorismus (und nicht etwa seine Bekämpfung) die westliche Kultur bedrohe und »etwas« (nämlich vornehmlich durch das Ausweiten staatlicher Kontrollmöglichkeiten) dagegen getan werden müsse.

Eines der wenigen Presseorgane, das sich eine unabhängige Berichterstattung zum Thema leistet, ist die Computerzeitschrift *c't* mit der angeschlossenen Homepage www.heise.de. Eine technische Fachzeitung übernimmt es also, Datenschutzfragen in aller Ausführlichkeit zu behandeln, neue Überwachungsmethoden auf ihre zum Teil eklatanten technischen Mängel zu prüfen und ihre Wirkung auf Freiheit und Privatsphäre zu erläutern – während sich die großen Repräsentanten bürgerlicher Aufklärung mit dem Wiederkäuen der immergleichen Schlagworte und Szenarien begnügen (einzelne kritische Journalisten ausgenommen). Zum fünfundzwanzigjährigen Jubiläum der *c't* im Jahr 2008 klatschten Zeitungen und Magazine der Computerzeitschrift Beifall für differenzierten und vorbildlich recherchierten Journalismus, kamen jedoch nicht auf die Idee, sich davon eine Scheibe abzuschneiden.

Denkt man über Gründe für die verblüffende Einhelligkeit in der Medienlandschaft nach, gelangt man zu einer Diagnose, die mit dem Idealbild einer kritischen Presseöffentlichkeit wenig gemein hat. Die moderne Medienindustrie ist ein hartes Konkurrenzgeschäft, in dem mit möglichst wenig Zeit, Geld und Personal um eine knappe Ressource gekämpft wird: die öffentliche Aufmerksamkeit. Ein Beitrag, der gegen den Mainstream schwimmen wollte, müsste seine Sondermeinung detailliert begründen, was einen erheblichen Aufwand erfordern würde – Recherche, Überlegungen und ausreichend Platz im Blatt, um eingefahrene Denkmuster überzeugend zu widerlegen. Erheblich weniger Aufwand kostet es, die herrschende Meinung zu bestätigen. Wer schreibt oder sendet, was ohnehin alle denken, ist rechtzeitig zu Redaktionsschluss fertig mit seinem Kommentar. Und natürlich ist jede Redaktion futterneidisch darauf bedacht, den Hype der Stunde nicht zu verpassen. Indem man tapfer voneinander abschreibt, vermeidet man wütende Vorwürfe des Chefredakteurs: »Warum haben die das im Blatt und wir nicht?«

Ein Journalismus, der seine gesellschaftliche Verantwortung in den Hintergrund treten lässt, schadet der Demokratie. Ein ins Bockshorn gejagter Bürger ist nicht »mündig« und wird sich nicht als freier, aufgeklärter, selbstbewusster Mensch an politischen Prozessen beteiligen. Angst war seit jeher ein Druckmittel, in Religionen etwa, die mit Fegefeuer und Höllenqualen drohen, um den Einzelnen zum stummen Ertragen seiner Benachteiligungen zu bringen. Angst ist das wichtigste Instrument von Diktaturen, die ihre Bevölkerung terrorisieren, um Ausbeutungsverhältnisse zu stabilisieren. Wo Angst zum Mittel der Politik wird, stimmt etwas nicht. Wirklich freie Medien dürfen nicht an den gleichen Strippen ziehen wie die Politik, und wenn hundertmal gilt: *Angst sells.*

Unabhängig davon, wie man die gegenwärtigen Probleme und Risiken bewertet, kann es keine sachlich richtige Strategie sein, die Menschen mit undifferenzierten Schauermärchen zu verängstigen. Sosehr wir uns in diesen Breitengraden durch den unbedingten Glauben an das gedruckte und gesendete Wort auszeichnen – es ist höchste Zeit für jeden Einzelnen von uns, sich von dieser Art der Berichterstattung zu distanzieren.

Es sollte jedem klar sein, dass Begriffe wie »Terrorverdächtiger«, »Gefährder«, »islamistische Zelle«, »radikaler Islamismus« keine Realitätsbeschreibungen, sondern vor allem politische Setzungen von ungeheurer Durchschlagskraft sind. Wenn echtes kritisches Hinterfragen nicht öffentlich vorgelebt wird, muss es umso mehr zur Einzeldisziplin werden. Wer etwas auf sich hält, darf sich nicht zum Politik- und Informationskonsumenten herabwürdigen lassen, den man an der Leine seiner persönlichen Bedürfnisse und Ängste spazieren führt.

Neuntes Kapitel
Denn Sie wissen nicht, was sie tun

> Eigentlich läuft alles ganz prima,
> aber trotzdem brauchen wir mehr Überwachung.
> ANGELA MERKEL

MAL ANGENOMMEN, SIE gehören zu jener Minderheit, die sich erstens für persönliche Freiheit und zweitens für die demokratische Verfasstheit ihres Landes interessiert. Vielleicht haben Sie gerade etwas über »Echelon« gelesen, jenes globale Abhörsystem, das die amerikanische NSA in Kooperation mit europäischen Diensten betreibt, um mit Hilfe von 120 geostationären Satelliten und Dutzenden über den Planeten verteilten Abhörstationen weltweit Mobilfunk, Festnetz und Internet mitschneiden zu können. Oder Sie haben erfahren, dass die EU eventuell schon ab dem Jahr 2010 alle Euro-Banknoten mit RFID-Chips versehen will, damit in Zukunft nachvollzogen werden kann, ob der Geldschein, den Sie eben am Automaten geholt haben, in der Hand eines Schwarzarbeiters oder einer illegalen Prostituierten landet. Oder Sie haben gehört, dass Spezialisten gerade daran arbeiten, echte Insekten in fliegende »Wanzen«, also in fernsteuerbare Lauschapparate zu verwandeln. Vielleicht wissen Sie auch von »Feel Europe«, einer EU-Expertenplattform, die an der Entwicklung von Technologien arbeitet, mit denen menschliche Emotionen am Gesichtsausdruck abgelesen sowie Puls und EEG aus der Ferne gemessen werden können – um Menschen mit falschen Gefühlen, sprich: »Terroristen«, im öffentlichen Raum zu identifizieren.

Es reicht, denken Sie. Die nächste Wahl steht bevor, und Sie beschließen, Ihre demokratische Mitwirkungsbefugnis zu nutzen, um sich gegen die Verwandlung unserer Gesellschaft in eine George-Orwell-Fantasie zu wehren. Sie werden eine Partei wählen, die begriffen hat, dass sich informationstechnologisches Wettrüsten nicht mit der demokratischen Idee verträgt. Sie werden sich für einen Abgeordneten entscheiden, der die Bürgerrechte ernst nimmt und nicht die Auffassung des ehemaligen britischen Premiers John Major vertritt:

»Ich habe keine Zweifel, dass wir einige Proteste über die Bedrohung der Bürgerrechte hören werden. Nun, ich habe überhaupt keine Sympathie für sogenannte Rechte dieser Art.«

Sogenannte Bürgerrechte also, die in Wahrheit nur Schlupflöcher für Terroristen und andere Sozialschädlinge sind. Eine erstaunliche Einlassung für einen Berufsdemokraten. Aber, denken Sie vielleicht, wir sind ja nicht in England.

Nun stehen Sie in einer deutschen Wahlkabine und fragen sich, wem Sie guten Gewissens Ihre Stimme geben können. Da wäre einerseits die CDU. Jene Partei, die unter der Ägide von Wolfgang Schäuble seit Jahren Bundestrojaner, Abschussgenehmigungen für Passagierflugzeuge, Terror-Dateien und zentrale Fingerabdruck-Datenbanken einzuführen versucht. Eine Volkspartei, deren Parteivorsitzende und Bundeskanzlerin nicht nur den Irakkrieg für eine gute Idee zur Terrorbekämpfung hielt, sondern die auch seltsame Visionen zur Zukunft unserer Gesellschaft hegt:

»Wir werden nicht zulassen, dass technisch manches möglich ist, aber der Staat es nicht nutzt.«

Der Staat muss alles realisieren, was die Technik erlaubt?

Stellen Sie sich vor, was das wirklich bedeutet, lieber Leser, und Ihnen wird ganz schlecht werden.

Andererseits wäre da die SPD, welche mit Hilfe des früheren Bundesinnenministers Schily die »Otto-Kataloge« und damit die ersten Pakete von Terrorismusbekämpfungsgesetzen verabschiedet hat. In der Großen Koalition beteiligt sich diese Partei immer wieder am Erlass von Gesetzen, die verfassungswidrig sind.

Die Grünen entdecken neuerdings ihr bürgerrechtliches Herz, seit in den Feuilletons ab und zu datenschutzbewegte Beiträge erscheinen, und sprechen sich deshalb gegen die Vorratsdatenspeicherung und den »Großen Lauschangriff« aus. Doch zuvor saßen sie sieben Jahre lang in jener Regierung, die in Brüssel die Einführung der ePässe vorangetrieben hat, und haben sich beim Abbau von Freiheitsrechten vor allem durch Schweigen und Mitlaufen ausgezeichnet.

Auch *Die Linke* findet am »Großen Lauschangriff« keinen Gefallen, was ihr allerdings leichter abzunehmen wäre, wenn sie nicht zu großen Teilen aus der PDS bestünde. In ihrer früheren Form als SED hat diese Partei ganz eigene Erfahrungen mit dem Überwachen und Erniedrigen von Bürgern durch einen allgegenwärtigen Stasi-Apparat gesammelt. Das Verhältnis der *Linken* zu ihrer DDR-Geschichte ist, vorsichtig gesagt, ambivalent.

So bleibt nur noch die FDP, die sich gelegentlich aus einem liberalen Reflex heraus gegen die Steueridentifikationsnummer, gegen Fluggastdatenspeicherung und biometrische Erfassung ausspricht. Dem »Großen Lauschangriff« stimmten jedoch zwei Drittel ihrer Mitglieder zu, woraufhin die damalige Bundesjustizministerin Leutheusser-Schnarrenberger ihr Amt niederlegte. Jenseits von bürgerlich-liberalen Denkern wie Burkhard Hirsch, Gerhart Baum und Sabine Leutheusser-Schnarrenberger vertritt die Partei heute fast ausschließlich wirtschaftsliberale Positionen. Ihr Verhältnis zur persönlichen Freiheit ist unausgegoren und opportunistisch. Parteichef Guido Westerwelle forderte im Jahr 2001 die Einführung des biometrischen Personalausweises, welchen die innenpolitische Sprecherin der FDP, Gisela Piltz, einige Jahre später als »weiteren Schritt in die Totalüberwachung« bezeichnete.

Wen also wählen Sie?

Tatsache ist, dass keine der relevanten Parteien in Deutschland eine klare Position zur Zukunft der persönlichen Freiheit und des Rechtsstaats im Kommunikationszeitalter vertritt. Es gibt keine Konzepte, kein grundlegendes Nachdenken über die Frage, auf welche Weise eine Gesellschaft ausbalanciert werden soll, in der praktisch jeder alles über jeden wissen kann. In allen Parteien herrscht Konsens darüber, dass der »internationale Terrorismus« eine existenzielle Bedrohung darstellt, die nur durch den Erlass neuer Gesetze bekämpft werden kann. Der Rest sind Feinjustierungen, ein bisschen mehr Richtervorbehalt hier, ein paar mehr Zeugnisverweigerungsrechte da. Zwar betonen selbst Mitarbeiter des BKA und der Länderpolizeien, sie bräuchten zur Gefahrenabwehr und Strafverfolgung keine neuen Befugnisse, sondern Ressourcen, um die bereits vorhandenen Befugnisse erfolgversprechend zu nutzen, aber das scheint niemanden zu interessieren. Es geht nicht um sachliche Fragen, sondern um eine Verteilung des lukrativen Aufmerksamkeitskuchens namens »innere Sicherheit«. Keine Partei möchte auf ihr Stück verzichten.

Und so erleben wir auf jeder Pressekonferenz und in jeder Talkshow ein rhetorisches Lavieren, bei dem sich schwer beurteilen lässt, ob es manipulativer Absicht oder dem verheerenden Unwissen über die technischen Realitäten geplanter Maßnahmen entspringt. Wenn die »Notwendigkeit« des Grundrechtsabbaus begründet werden soll, erreichen die Einlassungen wahrhaft propagandistische Qualität. Meist genügen mysteriöse »Sachzwänge« als Begründung.

Unter Politikern gilt es inzwischen als schick, keine Ahnung von den Details einer geplanten Maßnahme zu haben. Offensichtlich glauben sie, sich so beim gemeinen Volk anbiedern zu können – als wären ignorante Stammtischsprüche das Wesen der Bürgernähe. Nach Herzenslust wird mit der Unverständlichkeit der Informationstechnologie kokettiert. Schließlich weiß der Wähler auch nicht, was eine IP-Adresse ist. Viele hochrangige Politiker gehören jener Generation an, die sich »das Internet ausdrucken« lässt. Ihr technisches Unverständnis mag durchaus aufrichtig sein. Sie könnten sich aber informieren, bevor sie von einem Podium herunter Unsinn verbreiten. Stattdessen berufen sich die Politiker auf »Experten« und »Fachleute«, die über die praktischen Fragen Bescheid wissen. Sie wollen nicht als »Nerds« erscheinen, die Techniklatein reden und den Blick für das Große und Ganze vermissen lassen. Man ist schließlich nur ein »normaler Mensch«, der sich um die berechtigten Sicherheitsinteressen anderer normaler Menschen sorgt. Die Frage bleibt, wie ein Interesse berechtigt sein kann, wenn niemand (abgesehen von den einschlägigen Industrien) verstanden hat, worum es eigentlich geht.

Einen der größten Vögel in puncto Inkompetenz schoss Wolfgang Bosbach ab, stellvertretender Vorsitzender der CDU-Fraktion im Bundestag:

»Online-Durchsuchung, das geht nicht mit Messer und Gabel und auch nicht mit dem Fernglas. Dafür brauchen wir den Einsatz modernster IT-Technik, und da kann eine Mail dafür ein Beispiel sein.«

Die Mail als Beispiel für modernste IT-Technik, quasi als unsere wertvollste Geheimwaffe im Kampf gegen den Terrorismus, als revolutionäre Neuerung in den Händen einer Polizei, die herkömmlich mit Messer und Gabel hantierte – selbst Gerhard Polt könnte sich nicht einfallen lassen, was manche Politiker feierlich vor der Presse verkünden. Legendär geworden sind auch Wolfgang Schäubles Äußerungen zum gleichen

Thema, die sich aufgrund akuten Gestammels kaum zitieren lassen:

»Unter Online-Durchsuchung wird Verschiedenes verstanden, das ist klar. Da wird … da wird sowohl verstanden … der Telekommunikation … der … der Verkehr, als auch die Durchsuchung in den Systemen selbst, weil die technische Entwicklung eben so ist, aber da müssen wir jetzt schon fast die … die … die Internetexperten genauer befragen. Sich so entwickelt, dass eben unsere, oder *meine* laienhafte Vorstellung, dass Internet so etwas Ähnliches sei wie 'ne moderne Telefonanlage, das stimmt eben lange nicht mehr, und deswegen braucht man da … Wenn Sie wollen, kann das der Herr Fromm genauer erläutern, der versteht's ein wenig, richtig verstehen tut er's wahrscheinlich auch nicht, denn das wär ja gar nicht gut *(Gelächter unter den versammelten Journalisten)*, wenn der Präsident des Bundesamts für Verfassungsschutz ein Online-Experte wäre.«

Es gibt unzählige weitere Zitate, in denen Herr Schäuble betont, dass weder er noch seine Mitstreiter im Kampf gegen den Terrorismus begreifen, welche Instrumente sie eigentlich fordern.

Solche Unwissenheit öffnet das Feld für bodenlose Behauptungen, Wirklichkeitsverdrehungen, propagandistische Irreführungen. Ein Beispiel dafür sind die »Argumentationen« des BKA-Präsidenten Jörg Ziercke, der oft und gern auf Podien und in Mikrofone spricht. Auf eine Frage zum Thema Online-Durchsuchung antwortet Ziercke:

»Wir müssen mit dem technischen Fortschritt Schritt halten können, wenn skrupellose Kriminelle ins Internet ausweichen und dort ihre Anschlagsplanung, ihre kriminelle Handlung vorbereiten.«

Wer hier ausweicht, ist vor allem Ziercke, denn die Online-Durchsuchung, also die polizeiliche Überprüfung privater Festplatten, hat mit dem »Internet« überhaupt nichts zu tun. Aber im Ziercke'schen Allerlei sind Festplatte, E-Mail, Internet ein und dasselbe. Überhaupt, das Internet! Immer wieder wird es zu einem Reich des Bösen stilisiert, das es generell zu bekämpfen gilt. Laut Ziercke findet man im Internet »Bombenbauanleitungen, Aufträge für die Durchführung von Anschlägen, die Rekrutierung junger Menschen zum Dschihad«, da das Internet »das entscheidende Kommunikationsmittel des internationalen Terrorismus« sei. Als würden alle außer Osama bin Laden Brieftauben züchten! Zum Erstaunen von Ziercke arbeitet »die Szene« nicht etwa offen an ihren finsteren Plänen, sondern »konspirativ« und »verdeckt«, »sie verschlüsselt, anonymisiert«. Unklar bleibt, woher Ziercke von »Anschlagsplanungen« und »Aufträgen« weiß, wenn alles verschlüsselt und anonymisiert ist. Oder, anders gefragt: Wofür braucht er die Online-Durchsuchung, wenn er jetzt schon nachgucken kann, was die Terroristen im Netz so treiben? Jedenfalls, erkennt Ziercke, sei das Internet »das Tatmittel der Zukunft. Es ist es jetzt schon, im Grunde.«

Was in etwa so viel Sinn ergibt, als würde man die Gefährlichkeit des Waldes beschwören, weil man aus Holz Speere zimmern kann.

Nach dieser Argumentation fordert die generelle Gefährlichkeit des Internets allgemeine Gegenmittel. Im düsteren Wald muss den Behörden alles erlaubt sein (»Unter Online-Durchsuchung wird Verschiedenes verstanden, das ist klar«, Wolfgang Schäuble). Zum Beispiel auch die bei uns eigentlich abgeschaffte Zensur: Das Bundeskriminalamt (BKA) bereitet derzeit einen Vertrag vor, der Internet-Service-Provider (ISPs) verpflichten soll, ihren Kunden den Zugang zu bestimmten Webseiten zu verwehren. Welche Webseiten das sind, steht auf einer geheimen und somit nicht rechtsmittelfähigen Liste von Domains.

Für den Fall, dass nicht jeder auf die Bedrohung durch den »internationalen Terrorismus« anspringt, serviert Ziercke gleich im Anschluss ein reichhaltiges Buffet an Schlagwörtern, an dem sich jeder nach Belieben bedienen möge. Das Internet sei zu allem Überfluss eine Oase für »Kinderpornographie«, »rechtsextremistische Propaganda«, »Wirtschaftskriminalität«, »Menschenhandel« und »Frauenhandel«. Alle unsere moralischen Empfindlichkeiten sollen angesprochen werden: der Schutz von Kindern und Frauen, der Kampf gegen Sklaverei und Faschismus. Wer konkrete Angaben oder gar Beweise fordert, der verharmlost die Gefahr, der unterscheidet sich kaum noch vom Mittäter. Laut Ziercke bemerkt die Öffentlichkeit »die dramatische Entwicklung im Internet gar nicht so richtig«. Wohl wahr: Manch einer geht einfach so im Wald spazieren, bildet und vergnügt sich. Wie naiv und verantwortungslos ist das?

Rhetorische Paradoxien, offensichtliche Scheinargumentationen und argumentative Widersprüche wären wohl nicht möglich, wenn sie nicht von einer entsprechenden Grundüberzeugung zusammengehalten würden. Niemand hat diese so brillant auf den Punkt gebracht wie Bundeskanzlerin Angela Merkel:

»Eigentlich läuft alles ganz prima, aber trotzdem brauchen wir mehr Überwachung.«

Diesen Satz sollte man sich aufs Mousepad sticken. Er erklärt, was sich seit Jahren im Bereich innerer Sicherheit vor unseren erstaunten Augen abspielt. Es geht nicht um Terrorismus, Kinderpornographie und Menschenhandel. Es geht um etwas viel Grundsätzlicheres – um Überwachung als Selbstzweck. Die Regierenden plagt anscheinend das Gefühl, den Staat nicht lassen zu können, wie er ist, nachdem die rasanten informationstechnologischen Entwicklungen der letzten Jahrzehnte die Gesellschaften so stark verändert haben. Sie versuchen eine Anpassungsbewegung, weshalb auch ständig von »Mithalten mit dem technischen Fortschritt« (Ziercke) und von »rechtsfreien Räumen im Internet« (Pofalla, Merkel, Beckstein) schwadroniert wird.

Die Politiker behaupten einen Zwang zum Handeln, wo zunächst einmal Diskussionsbedarf besteht, nämlich über die Frage, inwieweit und auf welche Weise der Staat auf technologische und gesellschaftliche Entwicklungen reagieren kann und soll. Diese Frage ist für unsere Zukunft von entscheidender Bedeutung. Sie betrifft auch Bereiche wie die kommerzielle Datenverwertung in der Wirtschaft und ihre Folgen für den Einzelnen; sie betrifft Wahlcomputer und Bioethik, Patientenkarte und Steuernummer; sie betrifft unser gesamtes Menschen-, Staats- und Gesellschaftsbild und verdient eine grundsätzliche Erörterung. Die Frage wird aber nicht gestellt, sondern mit Bedrohungsszenarien zugedeckt. Laut Angela Merkel gehört beispielsweise die Videoüberwachung zu den Dingen, »über die darf man nicht diskutieren, die muss man einfach machen«. Welches Menschen- und Gesellschaftsbild die Bundeskanzlerin hinter aufgestellten Videokameras verbirgt, zeigt die folgende Äußerung in noch erschreckenderer Deutlichkeit:

»Man darf nicht sagen, ach, das ist doch nicht so schlimm. Hier ein bisschen was weggeschmissen und dort einen angerempelt, hier mal auf den Bürgersteig gefahren und dort mal in der dritten Reihe geparkt. Immer so unter dem Motto, ist alles nicht schlimm. Ist alles nicht nach dem Gesetz, und wer einmal Gesetzesübertretungen duldet, der kann anschließend nicht mehr begründen, warum es irgendwann schlimm wird … Deshalb: Null Toleranz bei innerer Sicherheit, meine Damen und Herren.«

Darum geht es also in Wahrheit bei der »inneren Sicherheit«: um den gegängelten Bürger, um weggeworfenes Kaugummipapier, um die Leine, an die jeder von uns im Alltag gelegt werden soll, kurz: um die Unterbindung von »sozialschädlichem Verhalten«. »Anti-social behaviour« nennen es die Briten und bekämpfen es schon seit geraumer Zeit mit allerlei grotesken Mitteln. Die Logik dahinter besagt: Wer zulässt, dass jemand bei Rot über die Ampel geht, der rechtfertigt auch Massenmord. Einen Staat, der auf dieser Prämisse gründet, möchte man sich in seinen düstersten Albträumen nicht vorstellen.

Mit gutem Grund kann man das Gebaren der Politik bis hierhin schon schwer erträglich finden. Richtiggehend düster wird es allerdings, wenn man verfolgt, auf welche Weise die innere Sicherheit in der Gesetzgebungspraxis umgesetzt wird. Ein Gesetz nach dem anderen wird durch die Instanzen gepeitscht, oft hastig formuliert und nicht ausreichend erörtert – legislative Frühgeburten, die mit hässlicher Regelmäßigkeit vor dem Bundesverfassungsgericht landen, wo sie von den obersten Richtern als grundgesetzwidrig abgeschmettert werden. Die meisten Sicherheitspolitiker scheinen sich keine ernsthaften Gedanken mehr darüber zu machen, wo die Grenzen des verfassungsrechtlich Zulässigen verlaufen. Das Interesse gilt vielmehr der Frage, wie man diese Grenzen – nötigenfalls durch eine Änderung des Grundgesetzes – ausdehnen kann. Oder wie man innerhalb dieser Grenzen zur höchstmöglichen Beschränkung von Grundrechten kommt. Letzteres lässt sich herausfinden, indem man politische Maximalforderungen in Gesetzesform gießt und das Nachdenken über die Grundgesetzmäßigkeit nach Karlsruhe »delegiert«. Den Richtern fällt dann die Aufgabe zu, die jeweils neue Maßnahme von den Rändern her so weit zurückzustutzen, dass sie gerade noch unter den Verfassungsschirm passt. Anschließend bedanken sich die Politiker beim Verfassungsgericht herzlich für die »Klarstellung« (zum Beispiel nach dem Urteil über die Online-Durchsuchung im neuen BKA-Gesetz). Ist man mit dem Ergebnis hingegen ganz und gar unzufrieden, wirft man den Richtern vor, diese würden ihre Kompetenzen missbrauchen, indem sie zu viel Politik betrieben – anstatt sich zu überlegen, ob vor Erlass des Gesetzes vielleicht zu wenig Verfassungskunde betrieben wurde.

Tragischerweise lernt die Sicherheitspolitik aus den peinlichen Belehrungen durch das Verfassungsgericht nicht hinzu.

Anstatt innezuhalten, Bilanz zu ziehen und zu Augenmaß und vernünftiger politischer Selbstbeschränkung beim Umgang mit verfassungsrelevanten Fragen zurückzukehren, werden neue Entwürfe in Serie formuliert. Seit sechzig Jahren wird das Grundgesetz in Schulen und Sonntagsreden als Fundament der Gesellschaft gelobt. Im Kampf gegen den Terror wird es als lästiges Hindernis behandelt, als letztes Bollwerk vernünftelnder Gutmenschen und Bedenkenträger.

Nicht alle Politiker, die den sogenannten Bürgerrechten wenig Sympathie entgegenbringen, fassen ihre Haltung in so deutliche Worte wie John Major. Die Neigung, Grundrechte als Verbrecherrechte zu betrachten, spiegelt sich jedoch in den Ergebnissen von acht Jahren Sicherheitspolitik. Schneller sind die Grundrechtsstandards in funktionierenden Demokratien nie zurückgefahren worden. Selbst ehemalige Mitarbeiter der Bush-Regierung bestätigen das wahnhafte Denken der führenden Köpfe. Wie Lawrence Wilkerson, Stabsleiter des ehemaligen Außenministers Colin Powell, nachträglich einräumte:

»(Vizepräsident) Cheney verfolgte zielstrebig ein schwarzweißes Ziel, bei dem die Sicherheit Amerikas Vorrang vor allem anderen hatte. Er dachte, dass perfekte Sicherheit erreicht werden kann. Ich kann ihm nicht vorwerfen, dass er um die Sicherheit von Amerika bemüht war, aber er war bereit, das ganze Land zu verderben, um es zu retten.«

Ein ähnlich fatales Denken liegt auch den Entscheidungen der meisten Innenminister in Europa zugrunde.

Nicht nur Verfassungsrichter können zu lästigen Hindernissen im Kampf gegen den Terrorismus werden, auch die nationalen Parlamente. Droht eine gewünschte Maßnahme nicht die erforderlichen Mehrheiten zu finden, wird »über Bande gespielt« – die heimische Legislative wird mit Hilfe der EU-Institutionen in Brüssel umschifft. Das funktioniert deshalb so gut, weil Entscheidungen auf EU-Ebene nach wie vor hauptsächlich von Vertretern der Exekutive gefällt werden. Im Rat treffen sich die Minister der Mitgliedstaaten, um beispielsweise eine Verordnung über biometrische Reisepässe zu beschließen (so geschehen am 13. Dezember 2004). Dabei wird das Europäische Parlament weitgehend umgangen. Anschließend kommt diese bindende Verordnung zu den nationalen Parlamenten, muss von diesen zwingend umgesetzt werden – und die neuen Reisepässe mit Fingerabdrücken sind eingeführt. Wenn dann angesichts kritischer Stimmen die Mundwinkel heruntergezogen und die Achseln gezuckt werden und es wieder einmal heißt, dass die Verantwortung für die neue Regelung doch in Brüssel liege, so ist das politische Heuchelei. »Brüssel« ist keine abgehobene Behörde, die von Außerirdischen gesteuert wird.

Es sind unsere Minister, die dort höchstpersönlich die Geschicke lenken.

Und zwar eifrig. Außer den biometrischen Reisepässen waren und sind Luftsicherheit, Vorratsdatenspeicherung, Fluggastdatenspeicherung, der EU-Haftbefehl, die Einrichtung einer zentralen Datei für die Fingerabdrücke sämtlicher Bürger sowie viele Fragen des Ausländerrechts auf der Brüsseler Anti-Terror-Agenda – und das, obwohl die innere Sicherheit nach den geltenden EU-Verträgen nach wie vor nicht zum Bereich des europäischen Gemeinschaftsrechts gehört. Seit 2007 gibt es die von Wolfgang Schäuble und dem damaligen EU-Justizkommissar Frattini gegründete »Future Group«, eine »hochrangige informelle Gruppe«, in der die EU-Innenminister die neuen Richtlinien der europäischen Innenpolitik entwickeln. Hochrangig und informell – mit anderen Worten, fernab von Öffentlichkeit und parlamentarischer Kontrolle.

Bedenklich ist dies nicht nur, weil die nationalen Parlamente an der Entstehung des EU-Rechts nicht beteiligt sind und die Kompetenzen des Europäischen Parlaments die Defizite bei weitem nicht ausgleichen. Vor allem ist Grundrechtsschutz auf europäischer Ebene für Einzelpersonen nur unter äußerst schwierigen Bedingungen zu erlangen. Und im Inland sind Rechtsschutzmöglichkeiten gegen Gesetze, die aufgrund von EU-Entscheidungen zustande kommen, stark eingeschränkt. Ein Narr, wer Böses dabei denkt.

Den Fluchtpunkt flexibler Handhabung von Rechtsschutz im Anti-Terror-Kampf zeigt allerdings wieder einmal der Blick nach Amerika – auch außerhalb des Prinzips »Guantánamo«, mit dem hierzulande Bundesinnenminister Schäuble sympathisiert (»Diejenigen, die sagen, Guantánamo ist nicht die richtige Lösung, müssen dann bereit sein, darüber nachzudenken, was die bessere Lösung ist«). Nachdem die *New York Times* offenlegte, dass Präsident Bush die NSA mit dem Anzapfen von Telefonen amerikanischer Bürger ohne richterliche Verfügung beauftragt hatte, verfügte die amerikanische Regierung im Handumdrehen, das ganze Programm sei Staatsgeheimnis und alle Klagen dagegen müssten abgewiesen werden wegen des Rechts der Exekutive auf Vertraulichkeit. Ähnlich verfuhren die amerikanischen Gerichte mit der Klage des deutschen Staatsbürgers Khaled al-Masri, der auf einer Geschäftsreise nach Mazedonien von amerikanischen Agenten entführt, nach Afghanistan verschleppt und dort gefoltert wurde, bis man ihn irgendwo in Albanien aussetzte, nachdem die Agenten festgestellt hatten, dass sie den Falschen erwischt hatten. Wiederum argumentierte die Regierung, ein Gerichtsverfahren sei wegen des Schutzes von Geheiminformationen nicht möglich. Der Oberste Gerichtshof hielt es nicht einmal für nötig zu prüfen, ob staatliche Geheimhaltung über den Grund- und Menschenrechten stehe – womit er diese Frage natürlich indirekt beantwortete.

Das Problem von Sicherheitspolitik besteht nicht darin, dass das menschliche Verhältnis zur Sicherheit irrational ist. Ein Problem haben wir erst, wenn sich Politiker diese Irrationalität zunutze machen. Auch in der Politik gilt *Angst sells.* Das Geschäft mit der Verunsicherung ist fester Bestandteil des Aufmerksamkeits- und Profilierungszirkus. Zudem ist Angst bekanntlich ein bewährtes Instrument der Machtausübung. Da einer demokratischen Regierung Terror als Mittel der Politik nicht zur Verfügung steht, bedient sie sich eben am »Terrorismus« anderer.

Innenminister Schäuble ignoriert – wie auch sein Vorgänger – das schwierige Balanceverhältnis zwischen Sicherheit und Freiheit. Erst Sicherheit ermögliche Freiheit, sagt der Minister mit der ganzen Würde seines Amtes und beweist damit, wes Untertanengeistes Kind er ist. Wie schäbig sind solche Aussagen, verglichen mit der Beschwörung eines Politikers von anderem Format, der Verantwortung in erheblich düstereren Zeiten übernahm:

»Lassen Sie mich meine feste Überzeugung kundtun, dass die einzige Sache, die wir zu fürchten haben, die Furcht selbst ist – namenloser, unbedachter, ungerechtfertigter Schrecken [...].«

So sprach Franklin D. Roosevelt bei seinem Amtsantritt. Heutzutage bleibt jeder, der seine Ansichten nicht auf Verunsicherung, sondern auf den festen Glauben an die Erfolgsgeschichte von Freiheit, Demokratie und Rechtsstaat stützen will, politisch obdachlos. Es wird Zeit für eine neue Generation von Politikern, die sich rückgratstark zu den Grundsätzen persönlicher Freiheit bekennt. Die den dringend benötigten Schutz der Privatsphäre (der von allen Datenschützern, unabhängig ihrer Parteizugehörigkeit, gefordert wird) vorantreibt, statt darüber nachzudenken, wie man den Selbstschutz des Bürgers (etwa durch Datensicherungsprogramme wie TOR oder PGP) verbieten könnte. Ein Politiker muss sich daran messen lassen, ob er der Vernunft das Wort redet oder Schrecken verbreitet.

Zehntes Kapitel
Vernichtet den Feind

Feinde bestraft man nicht. Feinde ehrt und vernichtet man.
GERD ROELLECKE, PROFESSOR FÜR STAATSRECHT

EIN TERRORIST HAT eine Bombe in ein Flugzeug geschmuggelt. Die Bombe liegt auf seinen Knien und tickt vor sich hin. Sie ist durch einen 14stelligen Code gesichert, den nur der Terrorist kennt. Das Flugzeug befindet sich über dem Himalaja, eine Notlandung ist ausgeschlossen. Gleich wird es explodieren, alle Passagiere müssen sterben. Zufällig ist auch ein Polizist an Bord. Er fordert den Terroristen auf, die Codenummer zu nennen. Der Terrorist weigert sich. Daraufhin verprügelt der Polizist den Terroristen. Dieser will nicht weiter geschlagen werden und gibt den Code heraus. Das Flugzeug und alle Passagiere sind gerettet.

Dies ist nicht der Plot des schlechtesten Hollywood-Films aller Zeiten und auch kein absurder Witz ohne Pointe. Dies ist das Szenario, mit dem angesehene Rechtsprofessoren begründen, warum Folter in bestimmten Situationen nicht nur erlaubt, sondern geboten sein soll.

Unmittelbar nach den Anschlägen vom 11. September 2001 beauftragte US-Vizepräsident Cheney ganze Kohorten von

Rechtswissenschaftlern, in völliger Geheimhaltung juristische Rechtfertigungen für eine Ausweitung der Regierungsmacht auszuarbeiten. Als Resultat durften zum ersten Mal in der Geschichte der USA Häftlinge psychisch und physisch gefoltert werden. »Terrorverdächtige« wurden entführt und ohne Erhebung einer Anklage auf unbestimmte Zeit festgehalten (nicht nur in Guantánamo), ohne Kontakt zu ihren Familien, Rechtsanwälten oder internationalen Organisationen wie dem Roten Kreuz.

Das ist nur in Amerika so, meinen Sie vielleicht, und man kann ja hoffen, dass es Barack Obama in Zukunft schon richten wird, auch wenn es mit seiner Absicht, die illegalen Gefangenenlager zu schließen, nun doch nicht mehr ganz so weit her zu sein scheint wie im Wahlkampf. Die Rechtsanwälte der neuen Regierung haben im März 2009 vor Gericht die Autorität des Präsidenten verteidigt, »Personen festzuhalten, (...) die Taliban oder al-Qaida unterstützt haben«. Die Haltung, schreibt die *New York Times*, unterscheide sich kaum von jener der Bush-Regierung. Was aber würden Sie sagen, wenn dieses Denken längst über den Atlantik geschwappt wäre und bei uns ausgerechnet jene Menschen infiziert hätte, die in theoretischer und praktischer Hinsicht für den Erhalt von Rechtsstaatlichkeit zuständig sein sollten – nämlich die Juristen?

Kehren wir zurück zu Polizist, Terrorist und Bombe im Flugzeug. Was gibt es da groß zu überlegen? Schon sausen die Fäuste auf den Stammtisch nieder: Natürlich! Der Polizist soll das Schwein zusammenhauen, er soll den Code aus ihm herausprügeln! Er muss ihn foltern, um unschuldige Menschen zu retten!

Wenn hundert unschuldige Menschen bedroht sind, darunter natürlich einige Frauen und Kinder, können Sie sicher sein, dass haarsträubende Argumentationen folgen werden, die alle Grundsätze des Rechtsstaates auf den Kopf stellen. »Hundert unschuldige Menschen« sind der Schlüsselreiz, mit dessen Hilfe am Verstand vorbei auf das Bauchgefühl gezielt wird. Zum Beispiel von Reinhard Merkel, Strafrechtsprofessor in Hamburg. Er vertritt die Meinung, dass ein Staat, der trotz einer Bedrohung nicht foltert, zum Gehilfen an einem Massenmord werde. Im Grunde hat Professor Merkel nicht einmal ein moralisches Problem mit der Folter, weil es seiner Meinung nach gar nicht der Polizist sei, der in diesem Fall gewalttätig wird, sondern der Terrorist selbst. Ja, lieber Leser, Sie haben richtig verstanden: Eigentlich foltert der Terrorist sich selbst, denn durch das Legen der Bombe hat er die Folter herausgefordert und muss sie sich deshalb zurechnen lassen. Wenden Sie diese Argumentation auf den Straßenverkehr an, dann können Sie frei von Gewissensbissen ein Auto rammen, das gerade bei Rot über die Kreuzung fährt. Es ist dann das fremde Auto, das sich selbst rammt, weil sein Fahrer den Unfall durch sein Fehlverhalten herausgefordert hat.

Merkels Frankfurter Kollege Klaus Günther dreht die Spirale noch ein absurdes Stück weiter. In Anlehnung an Hegel behauptet er, durch die Folter werde der Terrorist im Grunde als vernünftiges Wesen »geehrt«. Immerhin habe sich der Terrorist freiwillig (und »vernünftig«?) zum Legen der Bombe entschieden. Folter ist also eigentlich eine Form der Höflichkeit, wohl Teil einer Renaissance großbürgerlicher oder gar aristokratischer Umgangsformen. Erlauben Sie bitte, dass wir Ihnen als Zeichen unserer tiefempfundenen Ehrerbietung einige Stromschläge versetzen! Wenn wir Ihnen beim Waterboarding behilflich sein dürften? Aber nicht doch, gern geschehen!

Zu guter Letzt gelangt Reinhard Merkel zu dem Resultat, Deutschland habe der Anti-Folter-Konvention, der Europäischen Menschenrechtskonvention und dem Internationalen Pakt für bürgerliche und politische Rechte nicht beitreten dürfen, weil diese völkerrechtlichen Verträge ein absolutes Folterverbot enthalten. Das kritzelt er nicht in Runenschrift in sein geheimes Tagebuch; er publiziert es in einem Artikel in der ZEIT. Warum löst es keinen Skandal aus, wenn Rechtsprofessoren in Deutschland öffentlich fordern, das absolute Folterverbot zu einer Art Folter *light* aufzuweichen? Warum folgt kein Aufschrei, wenn die Rechtmäßigkeit von internationalen Konventionen bezweifelt wird, die eine Quintessenz unserer zivilisatorischen Errungenschaften verkörpern? Der Grund dafür ist ebenso einfach wie erschreckend: Ein Teil der Werte, zu deren Verteidigung wir ständig aufgerufen werden, ist bereits verloren gegangen. Ein Teil der Gesellschaft hat sich schon in Richtung Barbarei bewegt. Und die Behauptung, daran seien die Terroristen schuld, ist erbärmlich – denn was ist eine Moral wert, die sich bei der ersten Herausforderung in Luft auflöst?

Wir nähern uns wieder einmal dem verführerischen Irrglauben, man dürfe und müsse in bestimmten Situationen allgemeinverbindliche Normen ignorieren. Längst gibt es wieder Juristen, die an den Ausnahmefall glauben, also an jenen rechtsfreien Raum, in dem die »normalen« Gesetze nicht mehr gelten. Gerät ein Verdächtiger in diesen Bereich, verliert er seinen Status als Rechtsperson und damit als Mensch. Die Frage, ob der Staat auch seine Feinde als Rechtssubjekte achten müsse, wird seit neuestem von einigen Juristen mit einem klaren »Nein!« beantwortet. Der Feind steht, mit dem Staatsrechtsprofessor Otto Depenheuer gesprochen, außerhalb des Gesellschaftsvertrags.

Wer über den Ausnahmefall entscheidet, hat Carl Schmitt, berühmt berüchtigter Staatsrechtler der Weimarer Republik und juristischer Vordenker des »totalen Staates«, ein für alle Mal klargestellt: »Im Ausnahmefall suspendiert der Staat das Recht«, oder auch: »Souverän ist, wer über den Ausnahmezustand entscheidet.« Frei übersetzt bedeutet das: Wer ein Gewehr hat, hat recht. Um welche Sorte »Souverän« es sich nach diesen Definitionen handelt, wissen wir seit 1933. Dies hindert zeitgenössische Rechtstheoretiker nicht daran, sich offen oder verdeckt auf das Schmittsche Gedankengut zu berufen.

Achten Sie einmal auf die Struktur der Fallbeispiele, mit denen radikale Denkansätze dem Stammtischpublikum schmackhaft gemacht werden sollen. Sie werden feststellen, dass sich alle Schreckensszenarien dieselben Hauptzutaten teilen. Stets ist ohne jeglichen Zweifel klar, dass wir es mit einem Terroristen zu tun haben – diese Prämisse liegt den Beispielen apodiktisch zugrunde (bei Merkel handelt es sich um einen »Selbstmordattentäter irgendeiner terroristischen Provenienz«). Weiterhin steht fest, dass die gewünschte Gegenmaßnahme (Folter, Abschuss eines Flugzeugs usw.) auf jeden Fall zielführend ist, dass die bedrohten Menschen also durch das angestrebte Verhalten mit Sicherheit gerettet werden können. Zudem ist immer wunderbarerweise die Staatsgewalt zugegen und handlungsfähig – ein Polizist sitzt mit dem Terroristen im Flugzeug, die Bundeswehr hat ihre Luftabwehrraketen schon aufgebaut. Und schließlich sind andere Rettungsmaßnahmen hundertprozentig ausgeschlossen. Das Flugzeug kann nicht notlanden, die Bombe kann nicht entschärft werden, in drei Minuten ist alles vorbei. Die Welt ist also in Schwarz und Weiß unterteilt.

Mit solchen Beispielen beschreiben die Professoren keine realistischen Probleme, für die Lösungen gefunden werden müssen. Sie konstruieren fiktive Versuchsanordnungen unter idealen Bedingungen. Dem Leser wird etwas vorgegaukelt, das in der Wirklichkeit niemals existiert: absolutes Wissen über sämtliche Umstände einer Situation, ihre Vorbedingungen und ihren künftigen Verlauf. Mit dem gleichen übernatürlichen Wissen lässt sich ein »Terrorist« mühelos von einem »Bürger« unterscheiden. Diese Idee eines gottähnlichen Wissens, einer absoluten Urteilsfähigkeit liegt dem totalen Staatsverständnis von Carl Schmitt zugrunde. »Es irren die Einzelnen, ein Volk irrt nie«, hieß es prägnant bei einem anderen NS-Juristen, Hans Frank. Und auch in der DDR galt, mit den Worten der

SED-Lobeshymne gesprochen: »Die Partei, die Partei, die hat immer recht!«

Rechtsstaatliche Garantien wie die Unschuldsvermutung oder der Anspruch auf einen erkenntnisbringenden Prozess tragen der Tatsache Rechnung, dass ein Mensch niemals genau weiß, was um ihn herum geschieht, nicht einmal, wenn es sich vor seinen Augen abspielt. Ein Mensch kann weder die Vergangenheit richtig deuten noch in die Zukunft sehen. Ein entführtes Passagierflugzeug rast auf den Reichstag zu – aber wird es den Reichstag tatsächlich treffen? Oder wird es den Passagieren, die Wolfgang Schäuble von der Bundeswehr abschießen lassen will, vielleicht in letzter Sekunde gelingen, die Terroristen zu überwältigen? Und was ist mit dem »Selbstmordattentäter irgendeiner terroristischen Provenienz«? Hat er eine echte Bombe dabei, und wird sie wirklich explodieren? Ist der Terrorist nicht vielleicht ein Schizophrener, der eine Wahnvorstellung auslebt? Kennt der »Terrorist« den Code, um dessentwillen er gefoltert wird? Und kann das Flugzeug wirklich nicht notlanden?

Kein Mensch und deshalb auch kein Staat kann alles wissen. Weil es auf Erden kein gottgleiches Wissen gibt, soll auch keine gottgleiche Macht über Leben und Tod existieren. Deshalb definiert unsere Rechtsordnung einen geschützten Bereich, den wir »Würde« nennen. Niemand (das heißt: auch kein »Terrorist«!) darf zum bloßen Objekt staatlichen Handelns werden. Körper und Leben dürfen nicht Mittel zu einem wie immer gearteten Zweck sein. Schon die Konstruktion von Beispielsfällen, die Werturteile als Tatsachen verkaufen, bricht mit diesen Grundsätzen.

Umso wichtiger ist es, bei solchen Szenarien nicht auf das erste Gefühl zu vertrauen, sondern den Kopf einzuschalten. Denn das Gefühl reagiert auf bestimmte Muster, die Rechtsprofessoren wie Merkel gezielt einsetzen. Unser Gerechtigkeitsgefühl gesteht Menschen in einer bedrohten Lage ein Selbstverteidigungsrecht zu, juristisch »Notwehr« (wenn man sich selbst wehrt) oder »Nothilfe« (wenn man anderen beisteht) genannt. Merkel und Günther argumentieren ausdrücklich mit dem Notwehrrecht, das man dem folternden Polizisten im Bombenflugzeug nicht vorenthalten dürfe. Auf den ersten Blick erscheint das richtig. Aber auch nur auf den ersten Blick. Es gib nämlich einen Unterschied zwischen einem Menschen, der sich in einer Notlage wehrt, und dem Staat, der das Gewaltmonopol innehat. Eine Frau, die nachts in einer Unterführung ausgeraubt wird, befindet sich nicht in der gleichen Situation wie die Bundesrepublik Deutschland, wenn Selbstmordattentäter innerhalb ihrer Grenzen unterwegs sind. Als Privatperson darf der Polizist wie jeder andere Bürger unter extremen und demnach seltenen Umständen möglicherweise einen Angreifer foltern, um sich und andere zu retten. Als staatliches Organ darf er das nicht. Dies ist nicht paradox, sondern logisch und unvermeidbar, wenn man an demokratischen Grundsätzen festhalten will. Ein Privatmann ist nicht wie der Staat an die Menschenwürde, an Verhältnismäßigkeit oder Unschuldsvermutung gebunden. In einer Notwehrsituation wird ihm als seltene und schwerwiegende Ausnahme zugestanden, in panischer Selbstverteidigung um sich zu schlagen. Doch ein Staat, der panisch um sich schlägt, richtet Verheerendes an. Er ist keine Demokratie, sondern ein Staat des Ausnahmezustands.

Ein Staat in Selbstverteidigung entledigt sich missliebiger Gegner, indem er sie liquidieren lässt, so geschehen etwa zwischen dem 30. Juni und dem 2. Juli 1934, als Adolf Hitler die gesamte SA-Führung inklusive ihres Anführers Ernst Röhm erschießen ließ. In diesem Zusammenhang tauchte der notwehrübende Staat schon einmal auf: Carl Schmitt rechtfertigte den kaltblütigen Mord umgehend als »Staatsnotwehr«.

Der Rekurs auf die Nazizeit ist keineswegs weit hergeholt: Der in den dreißiger Jahren einflussreiche Carl Schmitt wird heute von Sicherheitstheoretikern wieder aus der Mottenkiste geholt und salonfähig gemacht. Damals leistete Schmitt der nationalsozialistischen Rassenlehre publizistisch-juristische Schützenhilfe; heute steht er Pate für das Nachdenken von Rechtsprofessoren über den Anti-Terror-Kampf. Auf Schmitts Spuren wird wieder verlangt, im politischen wie im rechtlichen Sinne eine klare Linie zwischen »Freund« und »Feind« zu ziehen.

Einer der eifrigsten Schmitt-Jünger ist gegenwärtig Otto Depenheuer, Staatsrechtsprofessor in Köln. Die Lust am Ausnahmezustand verführt ihn dazu, demokratische Grundsätze als bloße »Drapierungen« zu bezeichnen, die in Friedenszeiten den Leib des wehrhaften Staates verkleiden. Um den Begriff »Wehrhaftigkeit« zu vermeiden, spricht Depenheuer euphemistisch von der »Selbstbehauptung des Rechtsstaates« – so der Titel seines einschlägigen Buchs. Den darin enthaltenen Thesen liegt das Bestreben zugrunde, den islamistischen Feind aus der Rechtsordnung herauszulösen und als Sonderfall, als Unperson, mit anderen Worten: als Vogelfreien zu behandeln. Staatstheoretisch sei es möglich, den Feind des Rechtsstaates durch die Rechtsordnung auch als Feind zu qualifizieren und ihn damit außerhalb des Rechts zu stellen. Der Feind habe dann keinen Anspruch mehr, nach Maßgabe der Rechtsordnung behandelt zu werden. Wie wir bereits gesehen haben, liege darin letztlich eine Anerkennung der terroristischen Würde: Einen waschechten Terroristen muss es ja geradezu beleidigen, wenn man ihn fragt, ob er mit seinem Anwalt telefonieren will. Oder, wie der emeritierte Staatsrechtsprofessor Gert Roellecke es ausdrückt: »Feinde bestraft man nicht. Feinde ehrt und vernichtet man.« Dschingis Khan wäre einverstanden – sicherlich auch mit den Instrumenten, die das Feindrecht nach Meinung seiner Befürworter benötigt: präventive Sicherungsverwahrung, vorsorgliche Internierung von »Gefährdern« und »rechtsstaatlich domestizierte« (sic!) Folter. Und überhaupt: »Wer den Tod will, kann ihn haben« (Otto Schily).

Falls Ihnen solche libidinösen Allmachtsfantasien unsympathisch sind, hat die Rechtstheorie à la Depenheuer eine passende Antwort für Sie parat: Sie sind ein weltfremder Schwächling. Genauer gesagt: Das Problem liege im Lebensgefühl einer saturierten und hedonistischen Erlebnis- und Spaßgesellschaft – eine Formulierung, die gut aus einer islamistischen Hasstirade gegen den dekadenten Westen stammen könnte (was die These belegt, dass die größte Gefahr eines »Feindes« darin besteht, ihm ähnlich zu werden). Wenn Sie also immer noch an Freiheitsrechte glauben, dann nur, weil Sie einer dieser verblendeten Multikulti-Typen sind, die sich den harten Realitäten nicht stellen wollen. Ihre Lebensfreude ist unser Sicherheitsrisiko. Weil wir einen asymmetrischen Krieg führen, braucht der Staat eine latent präsente Gewaltfähigkeit, ein »Sicherheitsverfassungsrecht«. Der Unterschied zwischen Polizei und Militär soll aufgehoben werden, ebenso wie der zwischen Strafrecht und Kriegsrecht. Im Klartext: Der Staat soll alles dürfen, denn der Terrorist erlaubt sich ja auch alles.

Fangen Sie angesichts solchen Kriegsgetrommels an, sich für ihr saturiertes Wohlstandsleben zu schämen? Die Theoretiker des Ausnahmezustands kennen den Ausweg. Um ein standhafter, staatstreuer Kerl zu werden, müssen Sie sich nur innerlich bereit erklären, ein »Bürgeropfer« zu erbringen. Dieses Opfer besteht in Ihrem Leben, welches Sie mit dem Segen von Otto Depenheuer im Krieg gegen den Terrorismus hingeben dürfen.

Das Bürgeropfer ist gewissermaßen das westliche Pendant zum Selbstmordattentat, jedenfalls was die Bereitschaft anbelangt, die lästigen Fesseln der Zivilisation abzustreifen und wieder zünftig für seinen Wahn zu sterben, wie es die allerlängste Zeit in der Geschichte üblich war. Und das dazugehörende Szenario? Terroristen haben wieder einmal ein Flugzeug entführt (in Fallbeispielen wird am laufenden Band entführt), und dieses Mal sitzen Sie in der Maschine. Durchs Fenster sehen Sie schon die Abfangjäger der Luftwaffe. Sie wissen, in wenigen Sekunden wird der Abschussbefehl erteilt. Wie reagieren Sie? Mit Stolz, bitte schön. Und was sind Ihre letzten Gedanken? »Wie schön, dass ich als Märtyrer im Anti-Terror-Kampf sterben darf.« So wünschen es sich jedenfalls Depenheuer und Konsorten, die sich anscheinend noch nie mit einem Bundeswehrsoldaten im Afghanistan-Einsatz darüber unterhalten haben, wie sich so ein »Bürgeropfer« in der Realität anfühlt. Vielleicht würden danach selbst solche Schreibtischwüteriche wieder zu friedfertigen Wohlstandsbürgern.

Sie werden sich vielleicht fragen, wieso wir so lange auf den Thesen einiger rabiater Juristen herumreiten. Das hat einen konkreten Grund. Bundesinnenminister Wolfgang Schäuble hat uns allen das Buch von Otto Depenheuer zur Nachtlektüre empfohlen, denn es verkörpere »den aktuellen Stand der Diskussion«. Derartige Äußerungen offenbaren, wie tief eine Denkweise, die an antibürgerliche, antiliberale und antidemokratische Positionen anknüpft, bereits in den aktuellen Diskurs eingesickert ist.

Das ist umso bedenklicher, als wir es hierbei keineswegs mit rational erarbeiteten Strategien, sondern mit dem Ergebnis archaischer Virilitätssehnsüchte zu tun haben. Denn den Theorien von Ausnahmezustand, Feindrecht und Wehrhaftigkeit wohnt ein eklatanter Widerspruch inne. Ihre Vertreter gehen allen Ernstes davon aus, den »Terrorismus« mit solchen wehrhaften Muskelspielen unter den professoralen Anzügen einschüchtern zu können. Als würden opferbereite Bürger und ein zähnefletschender Staat weitere Selbstmordanschläge verhindern. Ein Blick auf das totalitäre Saudi-Arabien müsste die staatsrechtlichen Bodybuilder eines Besseren belehren – dort hat es mehr Attentate und Bombenanschläge gegeben als in ganz Westeuropa, obwohl die heimische Polizei unbegrenzt mächtig ist und Feinde des Staates ohne viel Federlesens gehenkt werden.

Trotzdem wird jeder, der den Vordenkern des Ausnahmezustands nicht folgen will, als Feigling und Duckmäuser denunziert. Der Widerspruch besteht darin, dass mehr Mut dazu gehört, angesichts einer schwierigen Lage an seinen Prinzipien festzuhalten, als sofort den eigenen Standpunkt zu räumen und sich vom Gegner Ansichten und Methoden diktieren zu lassen. Simple Freund-Feind-Schemata, die Verachtung der angeblich dekadenten westlichen Lebensform und die Verherrlichung von Wehrhaftigkeit und Märtyrertod weisen erschreckende Parallelen zum Selbstverständnis sogenannter islamistischer Fanatiker auf.

Wenn Ihnen das nächste Mal jemand mit den Worten des einflussreichen kanadischen Menschenrechtsprofessors und Politikers Michael Ignatieff einreden will, man müsse »Böses mit Bösem bekämpfen«, oder wenn es wieder einmal heißt, unsere Polizei dürfe hinter den Methoden gewaltbereiter Terroristen nicht zurückbleiben; wenn Begriffe wie »präventive Selbstverteidigung« fallen oder der Staat ein Recht auf Notwehr bekommen soll, dann fragen Sie sich einfach, welches Gefühl hinter solchen juristischen und politischen Begriffsfinessen kauern mag. Ob das nicht eine bodenlose, irrationale Angst sein muss, die selbst nüchterne Juristen mit der Unmenschlichkeit ihrer Gegner infiziert.

Elftes Kapitel
Wozu das alles?
oder: Videoaufnahmen bestätigen die Regel

Die glücklichen Sklaven sind die erbittertsten Feinde der Freiheit.
MARIE VON EBNER-ESCHENBACH

BISLANG IST IN Deutschland kein einziger terroristischer Anschlag aufgrund verschärfter Sicherheitsgesetze vereitelt worden. Viele der neu eingeführten Maßnahmen sind zum angegebenen Zweck der Terrorismusbekämpfung erwiesenermaßen ungeeignet. Politiker argumentieren für mehr Überwachung mit falschen Tatsachen und widersprüchlichen Angaben; Juristen versteigen sich in absurden Denkbeispielen, um die Folter wieder einzuführen; Journalisten agieren ohne kritische Distanz als Propheten einer amorphen Bedrohung. Es *herrscht* Angst. Angst verkauft Zeitungen, Angst bringt Wählerstimmen, Angst treibt Sicherheitspolitiker zu Höchstleistungen, Angst ist nicht mehr wegzudenken aus Gegenwartsdiagnosen und Zukunftsprognosen. Die Angst hat ihren vorgeblichen Auslöser, die »terroristische Bedrohung«, weit hinter sich gelassen. Sie steht, wie wir gesehen haben, in keinem rationalen Verhältnis zur aktuellen Sicherheitslage. Seit Ende des Kalten Krieges haben sich die ohnehin vorzüglichen Lebensbedingungen in unseren

Breitengraden noch einmal verbessert. Die reale Bedrohung durch die Blockkonfrontation hat sich aufgelöst. Die Kriminalitätsraten sinken. Die Lebenserwartung steigt. Sicherer als bei uns in den letzten zwanzig Jahren haben Menschen auf der ganzen Welt zu keiner Zeit gelebt.

Wozu das alles? Warum jetzt? Warum hat die »terroristische Bedrohung« Hochkonjunktur?

Der »Terrorismus« wirkt wie eine Zauberformel, die leistet, was jede Zauberformel zu leisten hat: Sie lenkt die Aufmerksamkeit des Publikums von dem ab, was wirklich geschieht. Aber was passiert hinter dem Abrakadabra? Warum wird politisch, rechtlich und technisch fieberhaft an der Entwicklung von Systemen gearbeitet, die ganze Gesellschaften kontrollieren sollen? Warum will der Staat plötzlich so dringend von jedem einzelnen Bürger wissen, wo er sich gerade befindet, mit wem er spricht, was er isst, wofür er sein Geld ausgibt, was für ein Gesicht er macht?

Die Antwort darauf ist vielschichtig und kann trotzdem auf einen Punkt gebracht werden: Zum Ende des letzten Jahrhunderts hat sich mehr verändert, als wir gemeinhin denken. Staat und Gesellschaft befinden sich inmitten einer Nachholbewegung. Sie versuchen, sich hektisch an die veränderten Bedingungen anzupassen. Was wir erleben, ist kein »Krieg gegen den Terror«, sondern eine Reaktion auf das neue politische Zeitalter nach 1989/90 sowie ein gigantischer, weltweiter Verteilungskampf um den Zugriff auf eine neue Ressource: Information.

Das Ende der Blockkonfrontation war das Ende einer vergleichsweise übersichtlichen Weltordnung. Nicht nur geostrategische Einflüsse in der Welt, sondern auch gesellschaftliche Profile waren entlang klarer Linien verteilt. Es gab amerikanische Einflusssphären und russische. Es gab Kapitalisten und Kommunisten. Nicht nur auf der Landkarte, sondern auch in den Köpfen gab es »rechts« und »links« und eine klare, festbetonierte Grenze dazwischen. Seit 1989/90 werden wir nicht müde, einander zu versichern, die Welt sei unübersichtlich geworden. Grenzen lösen sich auf, zwischen Staaten, zwischen politischen Lagern, zwischen Deutungssystemen. Weder die Religion noch die klassische Idee der Familie, noch eine politische Ideologie besitzt die Macht, den zeitgenössischen Menschen »auf Linie« zu halten. Individualismus, persönliche Freiheit, die sukzessive Abschaffung von Denk- und Handlungszwängen führen zur Unschärfe. Die Menschen und ihre Lebensentwürfe sind schwer einschätzbar geworden. Die Kommunikationstechnologie überwindet letzte geographische und soziale Barrieren. Das (fast) kostenlose Internet steht jedem offen, der sich die notwendige Zugangstechnik leisten kann, und das können dank sinkender Preise weltweit immer mehr Menschen.

Entgrenzung bedeutet Freiheit für den Einzelnen und Kontrollverlust für die Machthaber, ganz gleich, ob es sich um autoritäre Regime oder demokratisch legitimierte Regierungen handelt. Dieser Kontrollverlust wird im Denken und in der Rhetorik der politischen Eliten als »Sicherheitsproblem« identifiziert. Und wenn der Einzelne den Zuwachs an Freiheit als unangenehm empfinden soll, spricht man von »Problemen mit der Identität«. Neben »Sicherheit« ist »Identität« das Lieblingswort unserer Zeit; es wird genauso inhaltsleer und manipulativ verwendet.

Kontrollverlust erzeugt Angst. Das geht nicht nur einzelnen Menschen so, sondern auch ganzen Staaten. Deutlich zeigt sich dieser Zusammenhang darin, dass sich die »Terrorismusbekämpfung« immer wieder am Stichwort des »Netzwerkes« entzündet. Während Privatpersonen mit Begeisterung betonen, dass sie beruflich und privat »gut vernetzt« seien oder aber noch ein bisschen intensiver »networken« müssten, wohnt fast allen Äußerungen von Sicherheitspolitikern ein tiefsitzendes Misstrauen gegenüber »Netzwerken« inne. Nach Kirche, Familie, Nationalstaat und politischer Ideologie wird das »Netzwerk« als neue soziale Organisationsform betrachtet. Im Vergleich zu den erstgenannten Formen funktionieren Netzwerke aber weniger hierarchisch und eher selbstregulativ. Sie sind offener, dynamischer und deshalb vermeintlich unzuverlässiger. Aus staatlicher Sicht ist es dementsprechend ungeheuer wichtig, wie sich solche Netzwerke kontrollieren lassen.

Die Dämonisierung des Netzwerks ist Voraussetzung für staatlichen Zugriff. Schon vor dem 11. September 2001, nämlich Anfang 2001, veröffentlichte die RAND Corporation, ein für die US-Regierung tätiger Think-Tank, eine Untersuchung mit dem Titel »Networks and Netwars«, in dem argumentiert wird, dass Netzwerke die größten Feinde von Frieden und Sicherheit seien (Freiheit kommt in solchen Studien nicht vor). Damit waren nicht nur Terroristen, sondern auch NGOs, Protestgruppen, soziale Bewegungen und Raubkopierer gemeint.

Auch die NATO hat nach Ende des Kalten Krieges ihr traditionelles Feindbild (kommunistisches Russland) flugs auf amorphe (also »netzwerkartige«) Gegner umgestellt, um ihrer eigenen Auflösung zuvorzukommen. Die ursprünglich als Verteidigungsbündnis gegründete Organisation (gemeint war die Verteidigung gegen kriegerische Angriffe von feindlichen Staaten) rief nach den Anschlägen vom 11. September 2001 den Bündnisfall nach Artikel 5 des Nordatlantikvertrages aus, obwohl die Attentate offensichtlich nicht von einem Staat begangen worden waren. Im neuesten Strategiepapier von 2008 mit dem grandiosen Titel »Towards a Grand Strategy for an Uncertain World« begründen fünf ehemalige NATO-Generäle (darunter der deutsche General a.D. Klaus Naumann) die Existenzberechtigung der NATO mit den gewohnt diffusen Bedrohungen:

»Die wichtigste Herausforderung der kommenden Jahre wird sein, auf das vorbereitet zu sein, was sich nicht vorhersagen lässt. [...] Den westlichen Alliierten steht eine lange andauernde und präventiv zu führende Verteidigung ihrer Gesellschaften und ihres Lebensstils bevor.«

Nach diesem Konzept sind die Gegner der »präventiv (sic!) zu führenden Verteidigung« natürlich terroristische Netzwerke. Aber nicht nur. Gemeint sind auch Einwanderer, Flüchtlinge, ölfördernde Eliten sowie »wütende hungrige Männer«, die sich nicht mehr im Griff haben und aufständisch werden (so die NATO-Homepage). Ähnlich wie im innerstaatlichen Bereich scheint auch der (echte oder gefühlte) Kontrollverlust im Bereich der Geopolitik nach radikalen Mitteln zu verlangen, die alle demokratischen, friedlichen und freiheitlichen Überzeugungen hinter sich lassen: Ein Instrument gegen solche »Gegner« sei nach dem NATO-Papier der nukleare Erstschlag (aktueller Euphemismus: »asymmetrische Antwort«). Dieser sei notwendig, um »tatsächlich existenzielle Bedrohungen« zu verhindern. Den Generälen ist die »immense Zerstörungskraft nuklearer Waffen« durchaus bewusst. Dennoch soll über die Strategie des Kalten Krieges sogar noch hinausgegangen werden: Im neuen Kampf gegen Netzwerke wird »Abschreckung durch Eskalation« (nämlich durch den Einsatz von Atomwaffen) als adäquates Mittel betrachtet. Noch deutlicher könnte man gar nicht zeigen, wie fatal sich der Verlust einer Ordnung und die damit einhergehende Unübersichtlichkeit auswirkt: »Die wichtigste Herausforderung der kommenden Jahre wird sein, auf das vorbereitet zu sein, was sich nicht vorhersagen lässt« – und zwar zur Not mit nuklearen Mitteln. Zugespitzt formuliert: Dem sicherheitsstrategischen Denken erscheint die Abwesenheit eines Warschauer Paktes bedrohlicher als der Warschauer Pakt.

Was der NATO ihre »wütenden hungrigen Männer«, ist den Sicherheitsbehörden al-Qaida, das »terroristische Netzwerk« schlechthin (al-Qaida bedeutet auf Arabisch unter anderem »Datenbank«) – ein finsteres, weltumspannendes Spinnennetz, in dessen Mitte ein vielarmiger Fürst des Bösen die Fäden zieht. Im öffentlichen Diskurs wird viel von Dezentralisierung und gar virtueller Existenz zusammenfantasiert (als ob Terroristen zugleich existieren könnten und auch nicht). Nach dem Einmarsch in Afghanistan war auf einmal von »al-Qaida 2.0« die Rede. Aller Vernunft zum Trotz wird Netzwerken generell eine infiltrierende Macht zugeschrieben. Sie können nicht nur Flugzeuge, sondern gewissermaßen ganze Gesellschaften entführen. Der Islamismus, heißt es, habe bei uns schon längst Fuß gefasst. Für den Unkundigen entsteht der Eindruck, al-Qaida habe zuerst den Islam unterwandert und sei nun dabei, die gesamte westliche Welt zu erobern. Netzwerke sind die Drachen des 21. Jahrhunderts. Sie sind unüberschaubar, uferlos und schwer zu kontrollieren. Und deswegen müssen den Sicherheitsbehörden immer weitere Befugnisse zur Verfügung gestellt werden. Kurz und gut: Das Netzwerk ist der perfekte Staatsfeind.

Die Mutter aller Netzwerke ist das Internet. Während es dem Einzelnen neue Lebensräume, einen ungeheuren Zuwachs an Kommunikations-, Freizeit- und Jobmöglichkeiten eröffnet, stellt es für die Sicherheitsbehörden die byte-gewordene Unkontrollierbarkeit dar. Im Zusammenhang mit dem Internet sprechen Politiker gern von »rechtsfreien Räumen«. Das irrationale Unbehagen an der neuen, weltumspannenden Technologie findet in der Widersinnigkeit dieser Aussage seine Entsprechung. Denn selbstverständlich ist das Internet nicht »rechtsfrei«. Im Internet gelten die gleichen Gesetze wie überall sonst; auch im Internet sind Betrug und Diebstahl, Beleidigung und die Verabredung von Verbrechen strafbar. Genau wie in der »echten« Welt hat die Polizei im Internet Zugang zu allen öffentlichen Bereichen, während private Sphären grundsätzlich fremden Einblicken verschlossen bleiben. Für einen totalen staatlichen Zugriff auf die Internetkommunikation gibt es keinen logischen Grund, es sei denn, man geht davon aus, im Netz wohne das Böse an sich.

Nicht zuletzt ist das Internet auch eine Plattform für kritisches Denken sowie für eine Internationalisierung sozialer und ökologischer Bewegungen. Die Globalisierung hat geholfen, die größeren Zusammenhänge von Marginalisierung und Ausbeutung zu verstehen, und das Internet ist ein entscheidendes Instrument, um dagegen anzukämpfen. Die Internationalisierung von Krisen lässt vermuten, dass kommende Jahrzehnte eine Zunahme von transnationalen Protestbewegungen mit sich bringen werden. Es wäre naiv zu glauben, die Staaten bereiteten sich nicht darauf vor. Viele der neuen Machtbefugnisse können gegen Terroristen wenig ausrichten, auf einheimische Demonstranten und Aktivisten aber einschüchternd wirken. Ein Machtmittel, das eingeführt wurde, um Terroristen zu bekämpfen, kann problemlos auch gegen unbequeme Demonstranten gerichtet werden.

Besonders sichtbar ist die Angst vor der Vernetzung von Unzufriedenen in China. Die Vorstellung, Protestbewegungen könnten sich über das Internet ausbreiten und in einem Land dieser Größe zu völlig unkontrollierbarem Widerstand führen, sorgt für Zensur im Internet sowie für die Verfolgung einer friedlichen, aber landesweit gut »vernetzten« Bewegung wie Falun Gong. In westlichen Staaten wird gern mit dem Zeigefinger nach Peking gedeutet, wenn es um Menschenrechtsfragen geht. Der gleiche Zeigefinger fasst sich aber nicht an die eigene Nase, wenn in unserer Hemisphäre gefordert wird, bestimmte »gefährliche Wörter« im Internet zu sperren oder gleich eine allumfassende Überwachung des Internets einzuführen; wenn Öko-Aktivisten als Terroristen eingestuft und Globalisierungsgegner in Terror-Datenbanken gelistet werden.

Grundsätzlich gilt: Die neue Währung des Kommunikationszeitalters heißt »Information«. Wissen bedeutet Kontrolle, Kontrolle bedeutet Macht. In der Datensammler-Sprache liest sich das so: Die statistisch erstellte »Prognose menschlichen Verhaltens dient der individuellen Handlungssteuerung«. In die normale Sprache zurückübersetzt: Wenn man alles über einen Menschen weiß, kann man sein Verhalten vorhersagen und steuern.

Dieser Zusammenhang interessiert naturgemäß nicht nur den Staat, der seine Einflussmöglichkeiten ausbauen will, sondern auch die Wirtschaft, die Kapital aus der neuen Ressource »Information« schlägt. Gegenwärtig erleben wir einen wahrhaften Goldrausch der Datensammler, nur dass der Klondike von heute mitten durch unsere Privatsphäre fließt. Krankenkassen wünschen sich Patientenprofile zur Erstellung risikospezifischer Beitragssätze – und verschweigen wohlweislich, dass das Prinzip »Versicherung« gerade auf der Unkenntnis der individuellen Zukunft basiert. Auskunfteien bilden per »Scoring« Verbraucherprofile, die an Kreditinstitute, Mobilfunkanbieter oder Zahnärzte weitergegeben werden – so kann ein Wohnsitz in einem verruchten Stadtteil schon einmal dazu führen, dass man keinen Telefonanschluss oder seinen Zahnersatz nur auf Vorkasse bekommt. Supermarktketten erschaffen mit Hilfe von Paybackkarten (und bald durch an jedem Produkt angebrachte RFID-Chips) genaue Kundenprofile, um demnächst an der Kasse fragen zu können, ob der Kaffee vom letzten Mal nicht geschmeckt oder die Tampons der Größe normal nicht gepasst haben. Dieses Wissen wird erkauft mit lächerlichen Rabatten, die dem Kunden angeblich für seine Treue zugestanden werden – in Wirklichkeit ist der moderne Konsument als »Datenträger« ein permanent gemolkener Goldesel. Sogar der Staat verkauft die Datensätze seiner Bürger – allein Name und Adresse sind 5,50 Euro wert. Wenn Privatfirmen Datensätze anbieten, beispielsweise über Personen, die sich für private Krankenversicherungen interessieren, kann ein »qualifiziert terminierter Lead« auch mal 269 Euro kosten. Kaum jemand, der im Internet oder an der Supermarktkasse schnell mal einen Fragebogen ausfüllt (»Wir wollen die Zufriedenheit unserer Kunden überprüfen«), ist sich bewusst, dass er gerade einen Haufen Geld verschenkt.

Zu Beginn des 21. Jahrhunderts sind die meisten Menschen in der westlichen Welt nicht nur materiell hervorragend versorgt, sondern auch umgeben von einer Technologie, die den Alltag in bislang ungeahnter Weise vereinfacht. So nützlich ist diese Technologie und so erotisch ihre Erscheinungsform, dass sich die Menschen ihr überlassen und manchmal geradezu in ihr aufgehen. Das Vertrauensverhältnis zwischen Mensch und Informationstechnik ist im Grunde gesund. Die Technologie ermöglicht uns eine neue, zugleich spannende und bequeme Lebensform. Indem wir allerdings Computer und Handys mit Daten füttern, machen wir uns nackt. Der »gläserne Bürger« entsteht nicht aufgrund eines öffentlichen Röntgenapparats, sondern zuallererst durch unser eigenes Verhalten. Ohne uns der Risiken bewusst zu sein, erschaffen wir Doppelgänger aus Bits und Bytes, Schattenwesen, die uns irgendwann über die Köpfe wachsen können. Und dafür muss man nicht einmal ein Internetprofil mit höchstpersönlichen Informationen füttern, was viele Menschen heute zum Zeitvertreib (z.B. bei *Facebook* oder *Studi-vz*) oder zum geschäftlichen »Networken« (z.B. bei *Xing*) machen.

In der Wunderwelt neuer Spielzeuge, die im Monatstakt auf den Markt gebracht werden, fehlt noch immer ein klares Bewusstsein für »mein« und »dein«. Bei einem Gegenstand, zum Beispiel einem Haus oder Auto oder Kleidungsstück, haben wir ein starkes Gefühl für Eigentum und Besitz. Instinktiv wissen wir, was es bedeutet, wenn uns etwas »gehört«, und wir reagieren mit Widerstand auf den Versuch, es uns wegzunehmen. Bei Daten, die man nicht sehen kann und deren Wert für viele Menschen mangels Erfahrung schwer einzuschätzen ist, funktioniert dieser Instinkt noch nicht. Kommt es zu einer Verwertung dieser Daten, egal ob durch Staat oder Wirtschaft, fehlt es auf Seiten der Bürger häufig an der eigentlich gebotenen Empörung, auf Seiten des Verwerters am Unrechtsbewusstsein. Mit größter Selbstverständlichkeit überwachen Arbeitgeber ihre Angestellten, im vermeintlich berechtigten Interesse zu wissen, was ihre Schäfchen während der Arbeitszeit so treiben. Manche Konzerne sind in letzter Zeit wie Geheimdienste vorgegangen. Ob bei der Telekom oder der Deutschen Bahn – Mitarbeiter wurden abgehört, ihre E-Mails gelesen, ihr Surfverhalten dokumentiert. Als die ersten Skandale bekannt wurden, trugen die Verantwortlichen eine verwunderte Miene und ein gutes Gewissen zur Schau. Offenbar war man überzeugt, die Mitarbeiter samt Daten gehörten in neofeudalistischer Manier dem Konzern, und es sei völlig normal, sie bei Bedarf zu überprüfen. Die mühsame Art, wie die Verantwortlichen angesichts der öffentlichen Kritik allmählich zurückruderten, verrät viel über die herrschende Mentalität. Obwohl »Daten« das Privateste sind, was ein Mensch überhaupt besitzen kann, gelten sie noch immer als eine Art öffentlicher Rohstoff, an dem sich jeder bedienen darf.

Der moderne Bürger und IT-Nutzer ist gegenüber der Überwachungsgesellschaft blind. Er genießt die öffentliche Selbstinszenierung, er wirft sich auf Webseiten in Pose, er äußert sich überall, meist unbedacht, und teilt seine intime Sphäre mit Fremden. Er entblößt sich auf den Marktplätzen der Eitelkeit, als wäre ironischerweise ausgerechnet im Internet das calvinistische Ideal des riesigen Fensters verwirklicht, durch das ein jeder die Reinheit des eigenen Lebens demonstrieren kann. In der virtuellen Welt scheint tatsächlich zu gelten: Ein guter Mensch ist, wer nichts zu verbergen hat, und deshalb auch nichts verbirgt.

Aber das ist ein Irrtum. Die Verknüpfung von scheinbar unverfänglichen Daten kann intimste Geheimnisse verraten. Kommt es zu so einem Fall, ist der Nutzer entsetzt und sucht verzweifelt nach Möglichkeiten, sich und seinen Datenkörper zu schützen, um ihn wieder ins Eigene, Heimische und für Fremde Unzugängliche zurückzuführen. Es gibt Firmen, die den Service anbieten, unerwünschte persönliche Informationen aus dem Internet zu tilgen. Das kann bis zu 375000 Euro im Jahr kosten. Die Höhe dieser Summe zeigt den Wert von privaten Daten und damit auch die Größe der Gefahr, die ihre Verbreitung für den Einzelnen mit sich bringen kann.

Das 20. Jahrhundert hat uns eine Umbruchsituation hinterlassen, in der politische und wirtschaftliche Kräfte um eine Neuverteilung der Macht ringen, ohne dass schon die notwendigen Regeln (Gesetze genauso wie ungeschriebene Verhaltenskodizes) wirksam wären, um den schwächsten Akteur im Spiel, nämlich den Einzelnen, angemessen zu schützen. Der Staat versucht, Kontrollmechanismen, die das Individuum in früheren Zeiten durch religiöse, familiäre oder ideologische Einbindung berechenbar machten, durch technische Überwachung zu ersetzen. Die Wirtschaft macht sich fit für eine Zukunft, in welcher der Bestinformierte der Stärkste sein wird. Dazwischen steht, noch einigermaßen blauäugig, der Bürger. Er lässt sich verführen, gängeln, überrumpeln; er ist dabei, sich aus Überforderung und Unkenntnis ganz preiszugeben. Dabei sollte uns allen klar sein, dass »Daten« nichts Technisch-Abstraktes sind. Der Mensch, der nicht nur ein körperliches, sondern auch ein geistiges Wesen ist, setzt sich aus Daten zusammen. Wir sind aus Zellen wie auch aus Informationen gemacht. Unsere »Daten« gehören zu uns wie unser Körper und wie die Dinge, mit denen wir uns umgeben und die wir unser Eigen nennen. Dafür müssen wir ein Bewusstsein entwickeln, und dieses Bewusstsein muss den gegenwärtigen Umbau unserer Gesellschaften bestimmen. Sonst werden uns zwei Entwicklungen, die wir als Geschenke begrüßt haben – die Chance auf eine neue Weltordnung nach dem Ende der großen Ideologien wie auch die technologische Revolution –, schließlich zum Schaden gereichen.

Epilog
Unfreie Aussichten

Big brother is watching you.
GEORGE ORWELL

NEBEN DEM EINGANG zu dem Haus mit der Nummer 27B am Canonbury Square im Norden Londons hängt eine Gedenktafel an der Wand. Hier lebte George Orwell bis zu seinem Tod im Jahr 1950, hier schrieb er das berühmte »1984«, seine Vision eines totalitären Überwachungsstaates. Canonbury ist eine ruhige Wohngegend – trotzdem sind im Umkreis von zweihundert Metern von Orwells einstiger Unterkunft 32 CCTV-Kameras montiert. Sie halten fest, wer vorbeigeht, wer stehen bleibt, wer George Orwells Räumen einen Besuch abstattet. Orwells geliebte Aussicht auf die baumbestandenen Gärten wird von zwei Aufnahmegeräten Tag und Nacht eingefangen. Die Rückseite des Hauses wird von zwei weiteren Kameras, die vor einem Konferenzzentrum postiert sind, erfasst. Und neben Orwells Stammkneipe *(The Compton Arms)* sorgt die Kamera einer Autovertretung dafür, dass gegebenenfalls nachgeprüft werden kann, wer den Pub wann betritt und wann verlässt (in manchen Teilen Londons verlangt die Polizei die Installierung von CCTV, bevor sie der Lizenz für eine neue Kneipe zustimmt). *Big brother is watching you* – einst als Slogan erdacht, um das neu erschienene »1984« zu bewerben, ist in George Orwells Heimatland mittlerweile Realität geworden.

Als die britische Regierung im Herbst 2008 eine umfassende Überwachung der gesamten Kommunikation ihrer Bürger beschloss, regte sich Widerstand von hoher und unerwarteter Seite. Das Oberhaus des Parlaments äußerte eine ungewohnt strenge Warnung: Großbritannien sei eine Überwachungsgesellschaft geworden, und dies müsse sich ändern.

Das House of Lords, für gewöhnlich als aristokratischer Blinddarm belächelt, hatte sich bis dahin nicht gerade mit staatskritischen Verlautbarungen hervorgetan. Umso beachtlicher war diese Intervention. Pointiert bemerkte ein Blogger:

»You know your democracy might be in trouble when the Aristocracy is making good sense.« (Wenn die Aristokratie etwas Sinnvolles äußert, weißt du, dass deine Demokratie in Schwierigkeiten steckt.)

In ihrem weitreichenden Gutachten stellen die Lords jene wesentlichen Fragen, denen wir uns in diesem Buch gewidmet haben:

Hat die Zunahme an Überwachung und Datenspeicherung das Verhältnis zwischen Staat und Bürger fundamental verändert?

Wo befindet sich bei Überwachung und Datenspeicherung eine Grenze, die auf keinen Fall überschritten werden darf?

Was für eine Wirkung haben Überwachung und Datenspeicherung auf die Freiheit und die Privatsphäre des Bürgers?

Reichen die bestehenden Gesetze aus, den Bürger zu schützen, oder bräuchte es einen gezielten Grundrechtsschutz vor Überwachung und Datenspeicherung?

Die Analyse gelangt zu einem verheerenden Fazit. Der Sicherheitswahn der letzten Jahre stelle die größte Gefahr für die britische Demokratie seit dem Zweiten Weltkrieg dar. Mehr als vier Millionen Kameras seien im Einsatz; sieben Prozent der Bevölkerung würden schon in der staatlichen DNA-Datenbank geführt. Lord Goodlad, der Vorsitzende des Verfassungskomitees des House of Lords, betonte, dass es keine Rechtfertigung für eine Kontrolle gebe, die dem Staat Detailkenntnis über jeden einzelnen Bürger verschaffen soll. Am Ende formuliert das Gutachten eine Quintessenz, die klarer nicht gefasst werden könnte: »Privatsphäre ist eine grundsätzliche Voraussetzung für individuelle Freiheit.«

Auf den ersten Blick ist es ermutigend, dass die Entwicklungen endlich einmal von einem anderen Staatsorgan als den Verfassungsgerichten kritisch beleuchtet werden. Bei näherer Betrachtung offenbart sich jedoch, dass auch das House of Lords nicht in der Lage ist, die politische Klasse zum Umdenken anzuregen. Das britische Innenministerium beeilte sich festzustellen, dass an den bestehenden Gesetzesvorhaben keinesfalls gerüttelt werde. Und die Pressesprecher der Sicherheitsfirmen ließen sogleich verlauten, ohne CCTV wären unsere Gesellschaften nicht mehr sicher.

Von sich aus werden die Regierungen weder in Großbritannien noch bei uns ihre Stoßrichtung ändern. Denn was wir seit Jahren erleben, ist keine gezielte Bekämpfung eines vorübergehenden Problems (»Terrorismus«). Es handelt sich vielmehr, wie im vorherigen Kapitel beschrieben, um einen Paradigmenwechsel in existenziellen Fragen unseres Zusammenlebens. Notwendig wäre also eine Grundsatzdebatte darüber, wie sich angesichts veränderter technologischer, wirtschaftlicher und politischer Bedingungen das Verhältnis von Freiheit und Sicherheit ins Gleichgewicht bringen lässt. Was wir nicht hinnehmen dürfen, ist eine Salami-Taktik, mit der diese Abwägung stetig und einseitig zugunsten eines Kontrollzuwachses des Staates entschieden wird. In den USA und in Großbritannien können wir heute schon beobachten, was uns auch hierzulande bald blühen wird, wenn wir die Entwicklungen weiterlaufen lassen. Es ist höchste Zeit, mit der irrwitzigen Überzeugung zu brechen, wir müssten auch bei uns englische oder amerikanische Überwachungsstandards erreichen, um nicht hinter den Trend zurückzufallen. Im Gegenteil gilt es, sich davon zu distanzieren. Ein Wettrüsten beim Thema Sicherheit erzeugt eine fatale Dynamik, die sich von den eigentlichen Problemen immer weiter entfernt – ein freiheitsvernichtender Teufelskreis.

Längst hat der Kontrollwahn den Bereich der Terrorismusbekämpfung verlassen und auch das Gesundheitswesen, das Steuersystem, die Arbeitnehmerverhältnisse, das Konsumverhalten und sogar das Alltagsleben auf der Straße erfasst. In Großbritannien benutzen lokale Behörden Anti-Terror-Gesetze (nämlich den »Regulation of Investigatory Powers Act 2000«, RIPA), um Bürger auszuspionieren, die möglicherweise Müll auf die Straße werfen, Hundehaufen nicht vorschriftsmäßig entsorgen oder illegal Pizza verkaufen. Kinder werden beim Fußballspielen von staatlichen Kameras gefilmt, weil ihr Geschrei die Nachbarn belästigen könnte. Eltern werden ausgespäht, um herauszufinden, ob sie ihre Kinder an einer Schule außerhalb des zugewiesenen Bezirks anmelden. In der ersten Jahreshälfte 2008 wurden 867 Terror-Ermittlungsverfahren gegen Alltagssünder eingeleitet. Im Handumdrehen wird die »Terrorismusbekämpfung« zum scharfen Schwert in den Händen eines Recht-und-Ordnung-Spießertums, so als sei die beste Gesellschaftsform in einem Erziehungslager verwirklicht. Man sollte Bundeskanzlerin Angela Merkel ernst nehmen, wenn sie auch für Deutschland »null Toleranz« in puncto innere Sicherheit verlangt und diese »innere Sicherheit« schon durch weggeschmissenen Unrat, falsch parkende Autos und Anrempeln im Straßenverkehr bedroht sieht. Der Kampf gegen den Terrorismus neigt dazu, in einen Kampf gegen »sozialschädliches Verhalten« überzugehen. Spätestens dann lauert in jedem Bürger ein kleiner Terrorist, und die freie Gesellschaft geht dem Untergang entgegen.

Das Ende der Fahnenstange ist noch lange nicht erreicht. Für die Zukunft bestehen jetzt schon vielfältige Bestrebungen der europäischen Staaten, den Bürgern weiter auf den Pelz zu rücken. Die Bundeswehr soll im Inneren eingesetzt werden, was zu einer endgültigen Vermischung von Gefahrenabwehr und Kriegsrecht führen wird. Unsere Bewegungen im Straßenverkehr sollen mit Hilfe der Mautanlagen überwacht werden. Die EU möchte für einen Zeitraum von dreizehn Jahren Informationen darüber speichern, welche Flugzeuge wir besteigen und wohin wir fliegen. Ab dem Jahr 2011 wird die neue Steueridentifikationsnummer die Lohnsteuerkarte ersetzen, so dass für jeden einzelnen Bürger Daten zu Steuerklasse und Freibeträgen, zur Religionszugehörigkeit sowie zu Ehepartner und Kindern zentral erfasst werden können. So entsteht eine gigantische Datenbank über das Arbeitsleben eines jeden Arbeitnehmers. Zudem werden die bislang dezentral geführten Datenbestände der 82 Millionen in Deutschland gemeldeten Personen aus 5300 Meldeämtern in einer Datei zusammengeführt. Das ist der Beginn eines historisch einzigartigen Bevölkerungsregisters und eines gewaltigen nationalen Datenpools.

Mit dem Vertrag von Lissabon, der früher oder später in Kraft treten wird, kommt auch eine neue Qualität von EU-Sicherheitsvorschriften auf uns zu: Der neue EU-Vertrag wird das Ressort »Polizeiliche und justitielle Zusammenarbeit in Strafsachen« zu einer echten Kompetenz der Europäischen Union erheben. Schon jetzt wurden Maßnahmen wie der ePass und die Vorratsdatenspeicherung in Brüssel beschlossen. Wenn die neue Kompetenz Gültigkeit erlangt, gilt definitiv: *More to come.* Oder, wie der damalige EU-Ratsvorsitzende Rui Pereira das Motto der Brüsseler Sicherheitspolitik formulierte: »Wir brauchen ständig neue Maßnahmen.« In welche Richtung die Fortentwicklung der europäischen Sicherheit gehen soll, ist deutlich absehbar: Die von Wolfgang Schäuble mitgegründete »Future Group« der EU-Innenminister rät dringend, ein »gesamtheitliches Konzept« zu entwickeln. Hinter diesem Euphemismus verbirgt sich die Ideologie der Homeland Security, also ein Verwischen der Grenzen zwischen Polizei, Militär, Zivilschutz, Sicherheitsindustrie und anderen Akteuren, was mittelfristig zu einer Verschmelzung von innerer und äußerer Sicherheit führen soll. Der autoritäre Staat würde nicht lange auf sich warten lassen.

Vielleicht gibt es dann auch ein Wiedersehen mit dem Nacktscanner. Wer vorher schon einen haben möchte, kann eins der Geräte, die momentan im Keller des Europaparlaments verstauben, für 120 000 Euro pro Stück erwerben. Ausnahmsweise gab es Proteste, als die EU dazu ansetzte, an Flughäfen Nacktbilder von sämtlichen Passagieren anzufertigen. Politik und Medien hatten die Öffentlichkeit wohl nicht sorgfältig genug für die neue Idee (alles, was technisch möglich ist, soll zum Einsatz kommen) präpariert. Das letzte Wort in dieser Angelegenheit ist noch nicht gesprochen.

Wir wollen Sie warnen. Aber ohne einen Aufruf zum Handeln laufen Warnungen ins Leere. Trotz allem, was wir in diesem Buch beschrieben haben, besteht genug Anlass für Optimismus. Wir haben erlebt, wie der Kalte Krieg zu Ende ging, wir können uns an die Unfreiheit der Menschen im Ostblock erinnern, wir haben Hoffnung gefasst auf ein friedliches Zusammenleben in unseren Breitengraden und in möglichst weiten Teilen der Welt. Die Demokratie ist kein Auslaufmodell, sie kann uns auch im gerade angebrochenen Informationszeitalter ein Leben auf der Grundlage von Freiheit und Selbstbestimmtheit garantieren, wenn wir sie nicht aufgeben. Doch leider ist auch eine gegenteilige Entwicklung denkbar. Wir wollen uns nicht in zwanzig Jahren dem Vorwurf stellen müssen, wir hätten es wissen und verhindern können. Wir wollen nicht die Frage beantworten, wie es denn gekommen sei, dass sich unsere Gesellschaften wie eine Horde entfesselter Halbstarker in einen Bandenkrieg hineinziehen ließen und darüber ihre Grundsätze vergaßen.

Es gibt keinen determinierten Ablauf der »Geschichte«. Jedem Schritt liegt menschlicher Wille zugrunde. Deswegen fordern wir Sie auf, lieber Leser, zu erkennen, dass uns ein Kampf um unsere Freiheit und unsere Privatsphäre bevorsteht, ein Kampf, der sofort beginnen muss, denn die Zukunft unserer Gesellschaft wird gegenwärtig verhandelt, ohne dass unsere Meinung gehört wird. Wollen Sie warten, bis Ihren Kindern bei der Geburt ein Chip ins Halsfleisch gepflanzt wird, der eine sechzehnstellige Personenkennzahl enthält und über Satellit zu orten ist (so wie es bei Ihrem Haustier, falls Sie eins haben, schon der Fall ist)?

Was Sie tun können? Sehr viel. Zunächst einmal können Sie Ihre eigene Einstellung überprüfen. Streichen Sie die Wendung »Ich habe ja nichts zu verbergen« aus Ihrem Wortschatz, denn wer nichts zu verbergen hat, der hat bereits alles verloren. Es ist gut, dass Sie etwas zu verbergen haben, und so sollte es auch bleiben. Verteidigen Sie Ihre Geheimnisse, sie gehören Ihnen.

Erliegen Sie nicht den simplen Freund-Feind-Schemata, die Ihnen tagtäglich aufgetischt werden. Sagen Sie nicht »die Moslems«, es sei denn, Sie möchten mit allen »Christen« über einen Kamm geschoren werden. Stehlen Sie sich nicht aus der Verantwortung, indem Sie sich einreden, dass die Guantánamo-Insassen an ihrer Lage schon irgendwie selbst schuld seien. Misstrauen Sie verführerisch einfachen Erklärungen. Hören Sie nicht auf Menschen, die unsere friedliche Gesellschaft als »verweichlicht« und »hedonistisch« beschimpfen. Überprüfen Sie die Aussagen von Politikern auf ihren Tatsachengehalt, wenn Begriffe wie »Terrorismus« oder »Terrorverdächtiger« fallen, und verzichten Sie selbst auf Vokabeln wie »Kulturkampf« oder »clash of civilizations«. Distanzieren Sie sich von Panikmache und Skandallust.

Entwickeln Sie eine Sensibilität für den Wert Ihrer Daten und Ihrer Intimsphäre. Geben Sie nicht an jeder Supermarktkasse alles preis, nur um sich einen läppischen Rabattvorteil zu verschaffen, entblößen Sie sich nicht auf *MySpace*, nur um sich wichtig zu machen. Analysieren Sie, wie politische Parteien mit der Privatsphäre des Einzelnen umgehen, und überlegen Sie sich, welche von ihnen wählbar ist. Setzen Sie Ihren Bundestagsabgeordneten unter Druck, in dieser Frage Farbe zu bekennen. Machen Sie sich klar, dass ein Staat nicht »gut« ist durch das, was er darstellt, sondern höchstens durch das, was er tut.

Wir sind dabei, unsere persönliche Freiheit gegen ein fadenscheiniges Versprechen von »Sicherheit« einzutauschen. Die gegenwärtige Gleichgültigkeit im Umgang mit der Privatsphäre lässt ahnen, wie Staat und Konzerne in Zukunft über uns verfügen werden, sollten wir ihnen erlauben, noch umfassendere Instrumente der Kontrolle einzuführen.

Dann wird es allerdings zu spät sein zum Widerstand. Ein autoritärer Staat kann jeden Protest im Keim ersticken, mit Hilfe von Gesetzen, die heute verabschiedet werden, um uns angeblich zu schützen. Wehren Sie sich. Noch ist es nicht zu spät.

Anmerkungen

Das Ende der Freiheit

7 Sommerurlaub in Florida: Seit Dezember 2008 speichert das Homeland Security Department der USA die Fingerabdrücke von einreisenden Ausländern, auch Touristen.

8 Georgien und im Jemen: Einer der am häufigsten geäußerten Kritikpunkte am ePass ist die mangelnde Garantie dafür, dass andere Staaten die Daten nicht speichern oder für andere Zwecke weiterverwenden (siehe z.B. http://www.beel.org/epass/epass-kapitel5-kritik.pdf).

8 von Ihrem Virenscanner: Die Telekommunikationsüberwachung (TÜ/TKÜ) umfasst neben dem Abhören von Telefongesprächen auch das Mitlesen von SMS, Faxen und E-Mails. Die rechtliche Grundlage hierfür bilden je nach Anlass und Ziel der Überwachung die Polizeigesetze der Länder, § 100 der Strafprozessordnung, das G-10-Gesetz (Gesetz zu Artikel 10 des Grundgesetzes: Gesetz zur Beschränkung des Brief-, Post- und Fernmeldegeheimnisses) oder der § 23a des Zollfahndungsdienstgesetzes.

8 welche, wenn sie möchte: Mit der Verabschiedung des neuen BKA-Gesetzes im November 2008, das zum 1. Januar 2009 in Kraft trat, wurde der umstrittenen Online-Durchsuchung, also dem verdeckten einmaligen Zugriff im Rahmen einer »Durchsicht« sowie einer längeren »Überwachung« von Informationssystemen auf privaten Computern durch staatliche Behörden, eine rechtliche Grundlage gegeben. Auch vorher wurde sie bereits praktiziert (siehe http://www.taz.de/1/politik/schwerpunkt-ueberwachung/artikel/1/hausdurchsuchung-

bei-der-piratenpartei/ und http://www.spiegel.de/netzwelt/web/0,1518,464631,00.html).

8 in sechs Monaten noch überprüfen: Unter Vorratsdatenspeicherung versteht man die flächendeckende Aufzeichnung der Telefon-, Handy-, E-Mail- und Internetnutzung der Bevölkerung zu Strafverfolgungszwecken für einen Zeitraum von sechs Monaten. Mit dem zum 1. Januar 2008 in Kraft getretenen »Gesetz zur Neuregelung der Telekommunikationsüberwachung und anderer verdeckter Ermittlungsmaßnahmen« setzte die deutsche Regierung die Richtlinie 2006/24/EG des Europäischen Parlaments und des Rates vom 15. März 2006 um. Da die Vorratsdatenspeicherung in Grundrechte der Bürger eingreift, ist sie politisch und rechtlich stark umstritten. Im März 2008 hat das Bundesverfassungsgericht das Gesetz stark eingeschränkt; das Verfahren läuft noch. Mit dem Verwaltungsgericht Wiesbaden erklärte im März 2009 erstmals ein deutsches Gericht die Vorratsdatenspeicherung für ungültig und forderte den Europäischen Gerichtshof auf, die Richtlinie zu prüfen.

8 Behörden wissen, an wen: Im Rahmen des Kampfes gegen Geldwäsche und Terrorfinanzierung scannen Algorithmen sämtliche Kontenbewegungen rund um die Uhr. Es wird bei Auffälligkeiten Alarm geschlagen, z.B. wenn für den Kunden untypische Transaktionen erfolgen. Eliot Spitzer, Gouverneur des Staates New York, fiel einer solchen Überwachungssoftware zum Opfer, die herausfand, dass er Geldzahlungen an einen Callgirl-Ring vorgenommen hatte.
Zudem dürfen aufgrund des »Gesetzes zur Förderung der Steuerehrlichkeit«, erlassen am 23. 12. 2003, die Kontenstammdaten von Bankkonten abgefragt werden (siehe http://217.160.60.235/BGBL/bgbl1f/bgbl103s2928.pdf).

8 Festplatte an den Verfassungsschutz: Bürger mit arabisch klingenden Namen sehen sich öfter als andere Belästigungen durch Behörden ausgesetzt. Besonders häufig kommt es zu Verwechslungen, weil die arabischen Namen auf ganz verschiedene Art in die lateinische Schreibweise transkribiert werden können.
So wurde z.B. der deutsche Staatsbürger und gebürtige Syrer Majed Shehadeh am 28. 12. 2006 bei der Einreise in die USA zwei Tage lang ohne Angabe von Gründen festgehalten und verhört. Während dieser Zeit wurde ihm die Einnahme lebenswichtiger Herzmedikamente verweigert. Anschließend wurde ihm die Einreise verweigert – Shehadeh wurde ausgewiesen, obwohl seine Frau Amerikanerin ist und er seit knapp dreißig Jahren ein Haus in den USA besitzt. Weder die Einwanderungsbehörde noch das FBI nahmen bislang zu dem Fall Stel-

lung (siehe http://wissen.spiegel.de/wissen/dokument/75/44/dokument.html?titel=Wie+im+Roman&id=51804457&top=SPIEGEL&suchbegriff=majed+shehadeh&quellen=&qcrubrik=artikel).

8 Wohnung ohnehin verwanzt: Im März 1998 wurde den Behörden durch eine Ergänzung des Artikels 13 des Grundgesetzes der »Große Lauschangriff«, die akustische Wohnraumüberwachung zu Zwecken der Strafverfolgung, ermöglicht. Die im November 2008 verabschiedete Neufassung des BKA-Gesetzes (Gesetz über das Bundeskriminalamt und die Zusammenarbeit des Bundes und der Länder in kriminalpolizeilichen Angelegenheiten) erweitert die Befugnisse, die nun u.a. Videoüberwachung und heimliches Betreten von Wohnungen umfassen.

8 Alarm auslösen: Die deutsche Polizei testete im Mainzer Hauptbahnhof im Oktober 2006 Videoüberwachung mit Erkennung biometrischer Merkmale (siehe http://www.heise.de/newsticker/Foto-Fahndung-im-Mainzer-Hauptbahnhof–/meldung/79262). In den USA arbeiten Forscher an der Weiterentwicklung biometrischer Verfahren, die auch eine Verhaltensanalyse mit einschließen (siehe http://www.buffalo.edu/news/8879).

9 erhöhten Alkoholkonsum: Siehe den erstaunlichen Fall von Robert Rivera: http://files.hanser.de/hanser/docs/20050302_2532164743-47_3-446-229809_Leseprobe.pdf

9 die Pariser Kommune: Wie es US-Amerikanern ergeht, die sich aus Regierungssicht fragwürdige Titel in Bibliotheken ausleihen möchten oder kaufen, beschreibt Alberto Manguels in »Die Bibliothek bei Nacht« (Frankfurt a. Main 2007, S. Fischer, S. 144): »Wie Zensoren nur zu genau wissen, werden Leser durch ihre Lektüre definiert. In der Zeit nach dem 11. September 2001 erließ der amerikanische Kongress ein Gesetz – Klausel 215 des US Patriot Act –, wonach es Bundesbeamten gestattet ist, die Ausleihvorgänge in öffentlichen Bibliotheken ebenso zu überprüfen wie die Käufe in privaten Buchhandlungen. Angesichts dieser neuen Regelung verzichteten diverse Bibliotheken in den Vereinigten Staaten im vorauseilenden Gehorsam auf die Anschaffung bestimmter Titel.«

9 da weiß man, wo Sie sind: § 100i der Strafprozessordnung.

9 den ganzen Mautstationen!: Es gibt Bestrebungen, Mautdaten für Fahndungszwecke zu verwenden (siehe http://www.sueddeutsche.de/automobil/116/435862/text/3/).

9 über Ihre Geruchsprobe: Im Vorfeld des G-8-Gipfels in Heiligendamm vom 6. bis 8. Juni 2007 sammelte die Polizei präventiv Geruchsproben von G-8-Gegnern. Zudem wurden Datensätze von mut-

maßlichen Störern in die Antiterrordatei eingespeist (siehe http://www.heise.de/ct/Von-der-Anti-Terror-Gesetzgebung-ueber-die-Anti-Terror-Datei-zum-Schaeuble-Katalog/hintergrund/meldung/85995).

Erstes Kapitel: Raus aus dem Topf

13 Errichtung einer europaweiten Datenbank geht: Die Europäische Kommission arbeitet auf eine Einrichtung einer zentralen Datenbank für die Fingerabdrücke aller EU-Bürger hin (siehe http://www.focus.de/politik/ausland/eu_aid_267148.html).

13 den grundrechtlichen Riegel vorschiebt: So erklärte das Bundesverfassungsgericht im Februar 2008 die Vorschriften im Verfassungsschutzgesetz NRW zur Online-Durchsuchung für nichtig und schuf damit das neue »Recht auf Gewährleistung der Vertraulichkeit und Integrität informationstechnischer Systeme«. Im März erklärte es die hessischen und schleswig-holsteinischen Vorschriften zur automatisierten Erfassung von Kfz-Kennzeichen für nichtig. Im gleichen Monat schränkte es die Vorratsdatenspeicherung ein. Im Februar 2006 erklärte es die Abschussermächtigung im Luftsicherheitsgesetz und im Juli 2005 das Europäische Haftbefehlsgesetz für nichtig. Ebenfalls interessant hinsichtlich ihrer Grundrecht schützenden Dimension sind die Urteile zur »Gefahr im Verzug« vom Februar 2001, zur Telefonüberwachung bei Journalisten vom März 2003, zum »Großen Lauschangriff« vom März 2004 sowie zur polizeilichen Überwachung mittels GPS vom April 2005 (die Verfassungsbeschwerde wurde zwar zurückgewiesen, jedoch verlangte das BVerfG »von Strafgesetzgeber und Ermittlungsbehörden sichernde Maßnahmen gegenüber informationstechnischen Entwicklungen«). Anfang 2009 erklärte das BVERFG die Vorschriften des bayrischen Versammlungsgesetzes, die Demonstrations- und Meinungsfreiheit einzuschränken, für nicht anwendbar.

Zweites Kapitel: Der lange Weg zum Grundrecht

19 Entscheidungen im Verbund getroffen wurden: So lebten und leben auch heute noch z. B. die Völker der San in Afrika und verschiedene Stämme der Aborigines in Australien in egalitären Gesellschaften; in Afrika gibt es diverse akephale Gesellschaften, z. B. die Logoli und die Somba.

21 außer Landes gebracht werden: »Habeas corpus« war ursprünglich der Beginn eines Befehls an die Ausführenden königlicher Haftbefehle

im mittelalterlichen England. Später kehrte sich die Bedeutung des Begriffs in ihr Gegenteil; beginnend mit dem erwähnten englischen Gesetz von 1769 bezeichnet er heute zumeist die Einschränkung des Rechts zur Ausstellung solcher Haftbefehle.

21 und ins Gefängnis geworfen zu werden: Genau das passierte dem Soziologen Andrej Holm. Weil er im Internet nach den Begriffen »Prekarisierung« und »Gentrification« gesucht hatte, hielt ihn das BKA für terrorverdächtig. Er wurde ein Jahr lang observiert, sein Haus wurde videoüberwacht, seine Wohnung verwanzt. Schließlich wurde er inhaftiert und mehrere Wochen festgehalten. Der Bundesgerichtshof entschied, dass der Verdacht gegen Andrej Holm nicht begründet sei. Vgl. z.B. http://www.zeit.de/online/2007/34/wissenschaft-terrorverdacht-indizien. Infolge der Ereignisse wandten sich mehrere Wissenschaftler in einem offenen Brief gegen die Konstruktion einer »intellektuellen Täterschaft« durch die Bundesanwaltschaft, siehe z.B. http://www.springerlink.com/content/04547 64v852765r3/.

22 »feindliche Kombattanten« außer Kraft gesetzt: Er tat dies durch den Erlass eines Gesetzes namens »Military Commissions Act« (MCA), das am 28. 9. 2006 vom US-Kongress verabschiedet und am 17. 10. 2006 nach der Unterzeichnung durch Bush in Kraft trat.

22 diese Entscheidung gibt es nicht: Mit Urteil vom 12. Juni 2008 hat der *Supreme Court* jenen Teil des MCA aufgehoben, der »feindliche Kombattanten« vollständig der amerikanischen Gerichtsbarkeit entzog. Am Beispiel der Guantánamo-Insassen lässt sich allerdings verfolgen, dass die theoretische Verbesserung der rechtlichen Lage nicht umfassend auf die Praxis durchschlägt.

22 die Gerichte weitgehend machtlos sind: Vgl. z.B. http://www.nytimes.com/2009/03/14/us/politics/14gitmo.html?_r=2 und http://www.zeit.de/news/artikel/2009/03/13/2751470.xml. Der Obama-Regierung wird deshalb vorgeworfen, entgegen ihrer Ankündigungen im Wahlkampf die Bush-Doktrin weiterzuverfolgen.

23 das house als castle: Dies bezieht sich auf die sprichwörtliche Umsetzung des englischen Grundrechts aus dem 17. Jahrhundert, das besagte, dass Beamte nicht willkürlich und ohne richterliche Erlaubnis in Privatwohnungen eindringen dürfen: »My house is my castle.«

24 in der Gegenwart überflüssig geworden: So antwortete der Staatssekretär des Inneren, August Hanning, auf Nachfrage der *taz*: »Soll es zum Schutz der Privatsphäre Bereiche geben, in die der Staat verlässlich nicht hineinschauen darf?« August Hanning: »Natürlich nicht.« (Siehe http://www.taz.de/1/politik/schwerpunkt-ueberwachung/artikel/1/intimegeraeusche-werden-geloescht/)

24 Internetzugang eingesehen werden kann: E-Mails bieten keinen Leseschutz, fast alle Browser haben Sicherheitslücken (siehe http://www.sueddeutsche.de/computer/20/320889/text/).

24 jeden Website-Zugriff speichern sollen: Später sollen die Daten in eine Sammeldatei überführt werden (siehe http://www.heise.de/newsticker/Bericht-Britische-Regierung-will-E-Mail-Verkehr-und-Webzugriffe-in-Black-Boxes-aufzeichnen–/meldung/118506).

24 500 000-mal angefordert wurde: Siehe http://www.spiegel.de/netzwelt/web/0,1518,589094,00.html

25 »verkrümmte Menschen« hervorbringe: Alle Zitate von Mill aus dem Essay »On Liberty«, Chapter III, Abschnitt 8, Zeile 3. Deutsche Übersetzung in: Isaiah Berlin, Zwei Freiheitsbegriffe, S. 137, Z. 40/41, in: Julian Nida-Rümelin, Wilhelm Vossenkuhl (Hrsg.), Ethische und Politische Freiheit, Walter de Gruyter, Berlin, New York 1998.

26 wohin die Reise geht: Zur Bedeutung der Sprache schreibt Martin Haase in seinem Essay »Neusprech im Überwachungsstaat«: »Solche [freiheitseinschränkenden] Maßnahmen sind der Bevölkerung schwer zu vermitteln, daher müssen Politiker, die sich für sie einsetzen, zu außergewöhnlichen sprachlichen und rhetorischen Mitteln greifen, um die negativen Auswirkungen solcher Gesetze zu verschleiern oder kleinzureden und ihnen positive Seiten abzugewinnen.« (Siehe http://events.ccc.de/congress/2008/Fahrplan/attachments/1193_Neusprech-Paper.pdf; siehe zudem eine Sammlung »sprachlicher Verneblungen« von freiheitseinschränkenden Maßnahmen unter http://www.zeit.de/online/2009/04/neusprech-schaeuble-lexikon)

27 über den Lissaboner Vertrag beschäftigt sind: Der Gipfel in Lissabon, auf dem sich die Staats- und Regierungschefs auf den endgültigen Text des Lissaboner Vertrags einigten, fand am 18. und 19. Oktober 2007 statt; die Presse berichtete ausführlich darüber. Zeitgleich legte der Europäische Justizkommissar Franco Frattini Vorschläge zur Schaffung einer Zentraldatei sowie zur Speicherung von Flugpassagierdaten vor.

27 hinter verschlossenen Türen tagt: Siehe http://www.volkszertreter.de/2008/03/28/n-tvde-fingerabdrucke-der-eu-burger-brussel-plant-datenbank/

27 ein Abwehrschirm gegen staatliche Eingriffe: Das Bundesverfassungsgericht zur Folgewirkung von Grundrechtseingriffen hinsichtlich Sicherheitsmaßnahmen für die Demokratie: »Wer unsicher ist, ob abweichende Verhaltensweisen jederzeit notiert und als Information dauerhaft gespeichert, verwendet oder weitergegeben werden, wird versuchen, nicht durch solche Verhaltensweisen aufzufallen. Wer da-

mit rechnet, dass etwa die Teilnahme an einer Versammlung oder einer Bürgerinitiative behördlich registriert wird und dass ihm dadurch Risiken entstehen können, wird möglicherweise auf eine Ausübung seiner entsprechenden Grundrechte (Artikel 8, 9 GG) verzichten.« (BVerfG Bd. 65,43; aus: Skadi Krause: Antiterrorkampf und die Verteidigung der Grundrechte. In: A. Brodocz, M. Llanque, G. Schaal [Hrsg.]: Bedrohungen der Demokratie. Verlag für Sozialwissenschaften, Wiesbaden 2008.)

Drittes Kapitel: Von jenen, die auszogen, das Fürchten zu lehren

30 im Jahr 1998: Siehe http://gewaltueberwinden.org/fileadmin/dov/files/wcc_resources/dov_documents/WME_Summary_g.pdf

31 fortwährend tun müssen: Siehe http://www.defenselink.mil/transcripts/transcript.aspx?transcriptid=1901

33 orientalischen Gesichtszügen steht: Passagiere mit fremdländischem Äußeren und Namen werden an europäischen und amerikanischen Flughäfen oft besonders intensiven Kontrollen unterzogen (siehe http://www.spiegel.de/reise/aktuell/0,1518,586023,00.html und http://www.toomuchcookies.net/archives/656/muslima-im-flughafen-beleidigt-und-geschlagen.htm).

33 ein Flugzeug zu besteigen: Siehe http://www.heise.de/newsticker/Zehntausende-Flugpassagiere-faelschlicherweise-als-Terrorverdaechtigte-gelistet-/meldung/67083 und http://www.sueddeutsche.de/politik/736/357563/text/

33 sondern nur wann: In Zusammenhang mit seinen Plänen zur Online-Durchsuchung sagte er im Gespräch mit der FAS am 16. September 2007: »Viele Fachleute sind inzwischen überzeugt, dass es nur noch darum geht, wann solch ein Anschlag kommt, nicht mehr, ob.« (Siehe http://www.spiegel.de/politik/deutschland/0,1518,505956,00.html)

33 auf dem Klo bespitzeln: Siehe www.taz.de/1/politik/1/intime-geraeusche-werden-geloescht/

33 Kriminalitätsrate im Inneren: Die Kriminalität in Deutschland ist seit Jahren rückläufig (siehe Übersicht auf S. 3 des Kurzberichts der polizeilichen Kriminalitätsstatistik für 2007 http://www.bka.de/pks/pks2007/download/pks2007_imk_kurzbericht.pdf).

34 falschen medikamentösen Behandlung im Krankenhaus: Jährlich gibt es in Deutschland über 15 000 Grippeopfer. Für weitere Beispiele für die im Vergleich zu der bei anderen Todesarten geringe Wahr-

scheinlichkeit, Opfer eines Terroranschlags zu werden, siehe http://de.truveo.com/QuarkCo-reales-Risiko-eines-Terroranschlags/id/1657364559 ab 1:08. Für einen Überblick über Todesursachen in Deutschland im Jahr 2007 siehe http://de.statista.com/statistik/daten/studie/240/umfrage/verteilung-der-sterbefaelle-nach-todesursachen/

36 ins pakistanische Grenzgebiet gebracht: Z.B. begann im Dezember 2008 der Prozess gegen einen deutschen Staatsbürger pakistanischer Herkunft, dem u.a. zur Last gelegt wird, zwischen April 2005 und Juni 2007 viermal in das pakistanisch-afghanische Grenzgebiet gereist zu sein und dabei insgesamt 27 000 Euro sowie Ferngläser, Funk- und Nachtsichtgeräte an »al-Qaida«-Verantwortliche übergeben zu haben (siehe http://www.welt.de/welt_print/article2813792/Mit-besten-Empfehlungen-zu-al-Qaida.html; für weitere Beispiele siehe http://www.n-tv.de/1041848.html und http://www.spiegel.de/politik/deutschland/0,1518,606189,00.html).

37 Zahl der Moslems beleidigt fühlen: Die Mehrzahl der weltweit etwa 1,4 Milliarden Muslime verurteilt terroristische Anschläge (siehe http://www.spiegel.de/politik/ausland/0,1518,184650,00.html, http://www.islam.de/3216.php und http://www.kas.de/proj/home/pub/76/1/-/dokument_id-14721/index.html; außerdem in diesem Zusammenhang interessant: die zehn Thesen des Autors Jürgen Todenhöfer zum Islam (siehe http://www.warumtoetestduzaid.de/de/mainmenu/10-thesen/alle-zehn-thesen/these1.html). Die bislang größte Meinungsumfrage unter den Muslimen weltweit versammelt das Buch »Who Speaks For Islam« von John Esposito und Dalia Mohahed mit oft überraschenden Einblicken in die Vielfalt der Meinungen in der »islamischen Welt«.

40 heißt dieser neuartige Krieg »asymmetrisch«: Unter einem »asymmetrischen Krieg« versteht man seit dem Ende des Kalten Krieges militärische Auseinandersetzungen zwischen Parteien, die starke Unterschiede bezüglich Ausrüstung und Strategie aufweisen.

40 sowie die »Rettungsfolter«: Der Begriff wurde erstmals vom Hamburger Strafrechtsprofessor Reinhard Merkel in der Diskussion um die Behandlung des Kindesentführers Magnus Gäfgen durch den Vizepräsidenten der Frankfurter Polizei Wolfgang Daschner verwendet. Seitdem diskutieren Juristen über mögliche Grenzen des Folterverbots (siehe z.B. http://www.proasyl.de/texte/mappe/2004/91/16.pdf).

Viertes Kapitel: Sind Sie sicher?

42 Der Nacktscanner am Flughafen: Nacktscanner sind Körperscanner, die mittels der Methode der Röntgenrückstrahlung Abbildungen der menschlichen Körperoberfläche erzeugen können. Ihr Einsatz wird heftig diskutiert (siehe http://www.spiegel.de/reise/aktuell/0,1518,586083,00.html).

43 seit Jahren kontinuierlich sinkt: So zeigt die polizeiliche Kriminalstatistik für 2007 (siehe http://www.bmi.bund.de/Internet/Content/Common/Anlagen/Broschueren/2008/Polizeiliche__Kriminalstatistik__2007__de,templateId=raw,property=publicationFile.pdf/Polizeiliche_Kriminalstatistik_2007_de.pdf) einen weiteren Rückgang der Fälle von Mord, Totschlag und Vergewaltigungen.

43 durch Kapitalverbrechen bedroht zu fühlen: Eine repräsentative Infas-Umfrage aus dem Jahr 2006 zeigt, dass die gefühlte Kriminalität ansteigt (siehe http://www.3sat.de/3sat.php?http://www.3sat.de/nano/bstuecke/91920/index.html). Zum Angstniveau siehe die 2008er-Studie der R+V (http://www.bmbf.de/pub/Egg.pdf S. 9, v.a. auf S. 12).

44 verwundbarer durch Kofferbomben: Siehe http://www.defenselink.mil/speeches/speech.aspx?speechid=323

45 Risiko von Situationen falsch zu bewerten: Vgl. »Das Ziegenproblem: Denken in Wahrscheinlichkeiten« von Gero von Randow, Rowohlt Verlag, Neuausgabe 2004.

45 Opfer eines Terroranschlags werden?: Das subjektive Risikoempfinden führt zur Überschätzung der Wahrscheinlichkeit der Wiederholung von Ereignissen mit prägnanten Konsequenzen und großer medialer Berichterstattung (siehe http://de.truveo.com/QuarkCo-reales-Risiko-eines-Terroranschlags/id/1657364559).

46 Opfer eines terroristischen Anschlags zu werden: Laut einer Forsa-Umfrage im Jahr 2007 (siehe http://www.focus.de/politik/deutschland/anschlag-der-weg-in-den-terror_aid_219788.html).

46 Strategien der Verständigung, der Integration: So veröffentlichen mehrere Bundesländer Integrationsberichte, die Erfolge von Integrationsversuchen verdeutlichen (siehe z.B. http://www.spiegel.de/politik/deutschland/0,1518,573124,00.html); auch Studien zeigen messbare Erfolge (siehe http://www.berlin-institut.org/studien/ungenutzte-potenziale.html).

Fünftes Kapitel: Gesetze ohne Sinn und Verstand

49 in eine Weltuntergangsstimmung versetzen: In einem Interview mit der FAS am 16. September 2007 (siehe http://www.faz.net/s/Rub594835B672714A1DB1A121534F010EE1/Doc~EFDF112A654BD40C29D8E8956A788810F~aTpl~ecommon~scontent.html).

50 zur Verfügung gestellt wurde: Die Oppositionsparteien beteiligten sich nicht am Abstimmungsverfahren zum Gesetz am 13. Dezember 2001, um damit gegen die »Missachtung der parlamentarischen Rechte« zu protestieren, die sie u.a. in der extrem kurzen Zeitspanne sahen, die ihnen zur Prüfung der Unterlagen zur Verfügung gestellt worden war (siehe http://webarchiv.bundestag.de/archive/2006/0706/aktuell/hib/2001/2001_327/01.html).

50 als wirkungslos erweisen: Strafrechtstheoretiker sprechen von einem »zunehmend symbolischen Charakter« des Strafrechts, einer »Tendenz, die vom Parlament offenkundig durchaus intendiert ist, weil gerade mit symbolischer Gesetzgebung der Eindruck politischer Handlungsfähigkeit gewahrt werden kann« (aus: Skadi Krause: Antiterrorkampf und die Verteidigung der Grundrechte. In: A. Brodocz, M. Llanque, G. Schaal [Hrsg.]: Bedrohungen der Demokratie. Verlag für Sozialwissenschaften, Wiesbaden 2008).

50 privaten Datensammlungen ermitteln: Zur Geschichte und zum Verfahren der Rasterfahndung siehe http://id-is.org/wordpress/?p=104, http://www.lexexakt.de/glossar/rasterfahndung.php

51 bald darauf wieder eingestellt: Aus den 8,3 Millionen Datensätzen wurden 19000 »Prüf-Fälle« extrahiert, die wiederum in nur einem einzigen Fall zu einem (bald wieder eingestellten) Ermittlungsverfahren führten.

51 als Fahndungs- bzw. Verfolgungsdruck empfunden: Der hessische Innenminister Volker Bouffier in seiner Antwort auf die Teilfrage »Hat sich aus Sicht der Landesregierung das Mittel der Rasterfahndung der Kriminalitätsbekämpfung bewährt und, wenn ja, aus welchen Gründen?« aus der Kleinen Anfrage des Abgeordneten Hahn (FDP) am 10. 3. 2004 (siehe http://www.cilip.de/terror/lt-hessen-16-02042.pdf S. 2).

51 von gefälschten Pässen erschweren: ePässe sollen sicherstellen, dass gefälschte oder veränderte Pässe nicht zur Grenzüberquerung genutzt werden können, und verhindern, dass Kriminelle die Identität des Inhabers eines echten Passes annehmen können (siehe http://www.bmi.bund.de/nn_121560/Internet/Navigation/DE/Themen/PaesseUndAusweise/ElektronischerReisepass/elektronischer__reisepass__node.html__nnn=true).

51 gefälschte Pässe bei sich trugen: Die Zahlen stammen aus der Antwort der Bundesregierung auf zwei Teilfragen aus der Kleinen Anfrage mehrerer Bundestagsabgeordneter im Mai 2007 zur Notwendigkeit biometrischer Pässe aus Sicherheitsgründen (siehe http://dip21.bundestag.de/dip21/btd/16/055/1605507.pdf Frage 2 und 3 auf S. 1 und 2). Im Falle des 11. September hätte ein ePass mit Fingerabdrücken z.B. nichts genutzt, da Mohammed Atta gar nicht versucht hatte, seine Identität zu verschleiern, sondern unter seinem echten Namen reiste. Vgl. dazu Skadi Krause: Antiterrorkampf und die Verteidigung der Grundrechte. In: A. Brodocz, M. Llanque, G. Schaal (Hrsg.): Bedrohungen der Demokratie. Verlag für Sozialwissenschaften, Wiesbaden 2008.

51 in einer flächendeckenden Verbrecherkartei zu erfassen: So betonte z.B. der damalige Innenminister Otto Schily kurz vor der Einführung des ePasses 2005, dass eine zentrale Speicherung der Passdaten in der EU-Verordnung nicht vorgesehen sei und das deutsche Passgesetz zudem ein klares Verbot einer zentralen Passdatei enthalte (siehe http://www.eu2007.bmi.bund.de/nn_122688/Internet/Content/Nachrichten/Archiv/Pressemitteilungen/2005/06/ePass.html). Sein Nachfolger Wolfgang Schäuble äußerte sich hingegen in einem Interview mit der *taz* im Februar 2007 auf die Frage, wie lange das Versprechen gelte, dass es keine zentrale oder dezentrale Speicherung der Daten geben werde, schon vager: »Der Gesetzgeber behält immer die Möglichkeit, einmal getroffene Entscheidungen später zu revidieren. Da lege ich mich jetzt nicht fest.« (Siehe http://www.taz.de/index.php?id=archivseite&dig=2007/02/08/a0169)

52 die Fingerabdrücke sämtlicher EU-Bürger gespeichert werden: Siehe http://www.heise.de/newsticker/EU-Kommission-will-zentralisierte-Datenbank-fuer-Fingerabdruecke–/meldung/86924 und http://diepresse.com/home/politik/eu/372724/index.do?from=simarchiv

52 für rund 44000 Telefonnummern umgesetzt: Siehe http://www.bundesnetzagentur.de/enid/ee4bf637830feb82b9bd8ff09e304bea und 2c069c6d6f6465092d09093a09636f6e5f6964092d093133383533/Presse/Pressemitteilungen_d2.html

52 vier Millionen Bundesbürger betroffen: Siehe http://www.heise.de/ct/06/11/060/

52 durch fremde Geheimdienste: In seinem Beitrag »Das Ende der Privatheit« in: Grundrechte-Report 2003, S. 15.

53 dass sich solche nicht sinnvoll: Die baden-württembergischen Abgeordneten Hans-Ulrich Sckerl und Thomas Oelmayer stellten eine Kleine Anfrage an das Justizministerium (am 22. 08. 2006, siehe

http://www.landtag-bw.de/WP14/Drucksachen/0000/14_0276_d.pdf).

53 Online-Durchsuchung: Unter Online-Durchsuchung wird entweder ein verdeckter einmaliger Zugriff im Rahmen einer »Durchsicht« oder eine längere »Überwachung« von Informationssystemen auf privaten Computern mittels technischer Mittel durch staatliche Behörden verstanden. Mit der Verabschiedung des neuen BKA-Gesetzes im November 2008, das zum 1. Januar 2009 in Kraft trat, wurde der umstrittenen Online-Durchsuchung eine rechtliche Grundlage gegeben. Auch vorher wurde sie bereits praktiziert (siehe http://www.spiegel.de/politik/deutschland/0,1518,479422,00.html). Zur technischen Funktionsweise der Online-Durchsuchung siehe http://www.faz.net/s/Rub594835B672714A1DB1A121534F010EE1/Doc~EE4EF4959326A48ADA8B884CD499B5720~ATpl~Ecommon~Scontent.html

53 dass sie entweder nicht wissen: In einem Interview mit der *Welt* erklärte Schäuble, von der Technik nicht so viel wie von der Verfassung zu verstehen (siehe http://wolfgang-schaeuble.de/fileadmin/user_upload/PDF/070415wams.pdf), und in einem Interview mit dem Deutschlandfunk sagte er: »Ich bin kein Experte, und ich weiß auch gar nicht, ob es so furchtbar zielführend ist, dass man jede Ermittlungsmethodik der Sicherheitsbehörden breit diskutiert« (siehe http://www.dradio.de/dlf/sendungen/idw_dlf/675438/).
Ziercke wehrte sich im September 2007 gegen die Forderung, das BKA solle zeigen, wie das Ausspähen in der Praxis funktioniere, mit der Aussage: »Wir beim BKA haben Online-Durchsuchungen noch nicht durchgeführt« (siehe http://www.heise.de/newsticker/Merkel-und-Schaeuble-beharren-auf-heimlichen-Online-Durchsuchungen--/meldung/95505). Der Bundesbeauftragte für den Datenschutz, Peter Zaar, attestierte den Entscheidungsträgern im Oktober 2007 Unkenntnis (siehe http://www.heise.de/tp/r4/artikel/26/26423/1.html).

53 oder nicht verraten dürfen: faz.net berichtete im September 2007, dass das Bundesinnenministerium auf eine Anfrage zur Funktionsweise des sogenannten Bundestrojaners antwortete: »Eine generelle Aussage zur genauen Einbringungsmethode ist nicht möglich« (siehe http://www.faz.net/s/RubF359F74E867B46C1A180E8E1E1197DEE/Doc~EF233E62A2BC144AF908CC01D8729E30BATpl~Ecommon~Scontent.html).

53 auf geheimnisvolle staatliche Experten verwiesen: So berief sich z.B. BKA-Chef Jörg Ziercke in einer Diskussion mit Bürgerrechtlern im September 2007 wiederholt auf nicht namentlich genannte Experten, die ihm die technische Machbarkeit attestiert hätten (siehe

http://www.heise.de/newsticker/Buergerrechtler-diskutieren-mit-BKA-Chef-ueber-Online-Durchsuchung–/meldung/96369).

53 die umstrittene technische Machbarkeit: So schreiben z.B. die Autoren Burkhard Schröder und Claudia Schröder in ihrem im September 2008 veröffentlichten Buch »Die Online-Durchsuchung«: »Man kann angesichts der technischen Voraussetzungen kaum glauben, dass jemand ernsthaft über das Vorhaben einer ›Online-Durchsuchung‹ als Ermittlungsmaßnahme diskutieren möchte.« Auch andere Experten bezweifeln die technische Umsetzbarkeit (siehe http://www.tagesspiegel.de/politik/art771,1966277).

54 in der Wohnung eines Verdächtigen beschlagnahmen: Die rechtliche Grundlage hierfür liefern die Artikel 102 ff. der Strafprozessordnung, die die Durchsuchung und die Beschlagnahme regeln.

54 sehr konkreten Fällen in Frage: Ziercke äußerte dies z.B. in den Interviews mit der *taz* im März 2007 (siehe http://www.taz.de/index.php?id=archivseite&dig=2007/03/26/a0119), mit dem *Stern* im Heft 36/2007 (siehe http://www.stern.de/presse/vorab/:BKA-Chef-Ziercke-Ich-Volks-DNA/596362.html) und mit tagesschau.de im Februar 2008 (siehe http://www.tagesschau.de/inland/interviewzierke2.html).

54 als nicht ganz präzise gelten muss: Siehe http://www.heise.de/newsticker/BND-benutzt-Online-Durchsuchung-zur-Spionage–/meldung/134169, vgl. auch die Berichterstattung im SPIEGEL, Heft 11/2009.

54 wird schon etwas finden: Die Bundesregierung hat bereits angekündigt, eine gesetzliche Grundlage schaffen zu wollen, damit bei der Online-Durchsuchung gewonnene Erkenntnisse auch zur Strafverfolgung verwertet werden können. Das heißt: Was auf den durchsuchten Festplatten vom BKA zufällig gefunden wird, soll zu Strafverfahren außerhalb der Terrorismusbekämpfung führen können. Vgl. auf http://www.heise.de/newsticker/Bundesregierung-will-Online-Durchsuchung-auch-zur-Strafverfolgung-erlauben-Update–/meldung/134953

55 Zugriff auf privat erstellte Überwachungsbilder nehmen: Sie tat dies z.B. im Rahmen der Fahndung nach dem »Kofferbomber von Köln«, zu der sie Überwachungsbilder der Kameras der Deutschen Bahn aus dem Kölner Hauptbahnhof verwendete. Weitere Zugriffsmöglichkeiten werden diskutiert bzw. sind in Vorbereitung.

55 den Nutzen dieser Maßnahme belegt: Siehe http://www.heise.de/tp/r4/artikel/20/20572/1.html und http://www.daten-speicherung.de/index.php/studie-videoueberwachung-kaum-von-nutzen/. Ebenso Dietmar Kammerer, Bilder der Überwachung. Frankfurt/M. 2008. S. 63.

55 um sage und schreibe 76 Prozent zugenommen: Dies führte der österreichische Datenschützer Hans Zeger gegenüber dem ORF an.

55 der weltweit umfangreichsten Videoüberwachung: Die Anzahl öffentlicher Kameras in Großbritannien wird auf fünf Millionen geschätzt (vgl. Anne-Catherine Simon, Thomas Simon: Ausgespäht und abgespeichert, S. 43). Im Jahr 2003 wurde ein britischer Bürger durchschnittlich 300-mal am Tag von Kameras gefilmt (vgl. Dietmar Kammerer, Bilder der Überwachung. Frankfurt/M. 2008. S. 45).

55 als »totales Fiasko« bewertet: Aus: Anne-Catherine Simon, Thomas Simon: Ausgespäht und abgespeichert, S. 54.

56 weil er einem Bankräuber ähnelte: Siehe http://www.hr-online.de/website/rubriken/nachrichten/index.jsp?rubrik=15662&key=standard_document_33184662

56 ein Stück weit unmenschlicher: Er äußerte dies gegenüber der SZ in Bezug auf den einige Tage zurückliegenden Überfall, bei dem zwei Jugendliche einen 76-jährigen Rentner bespuckt, beschimpft und niedergeschlagen hatten (siehe http://www.sueddeutsche.de/muenchen/745/428500/text/).

56 des »Kofferbombers« aus Köln: Am 31. Juli 2006 deponierten zwei Männer im Hauptbahnhof Köln in zwei Regionalzügen Kofferbomben. Die Festnahme der Täter im August wurde in den Medien als Fahndungserfolg bezeichnet (siehe z.B. http://www.stern.de/politik/deutschland/:Fahndungserfolg-Zweiter-Kofferbomber-/568412.html)

57 Tipp des libanesischen Geheimdienstes: Siehe http://www.focus.de/politik/deutschland/kofferbomber_aid_114060.html

57 keineswegs verdächtig verhalten hatte: Bevor die Schüsse auf ihn abgegeben wurden, wurde de Menezes von mehreren Videokameras bei harmlosen Tätigkeiten wie der Mitnahme einer kostenlosen Metro-Zeitung und Rolltreppenfahren gefilmt. Verdächtig wurde er einzig und allein aufgrund einer vagen Ähnlichkeit mit gesuchten Personen.

57 Verkauf von Sicherheitstechnologien umsetzt: In den neunziger Jahren gab der britische Staat rund 670 Millionen Euro jährlich für die Anschaffung und Wartung von Überwachungskameras aus. Allein die Auswertung von Überwachungsbildern der 10000 Londoner Kameras kostet 250 Millionen im Jahr. Vgl. Anne-Catherine Simon, Thomas Simon: Ausgespäht und abgespeichert, S. 42f.

58 die Konten der isländischen Landesbank einzufrieren: Er reagierte damit auf die Weigerung der Bank, britische Einlagen zu garantieren (siehe http://www.focus.de/politik/ausland/finanzkrise-island-kaempft-mit-spass-waffen_aid_343017.html).

58 »Sauerland-Terroristen«: Am 4. September 2007 wurden drei mutmaßliche Terroristen im Sauerland festgenommen. Ihnen wird vorgeworfen, mehrere Anschläge mit Autobomben in Deutschland geplant zu haben. Ein Jahr nach der Verhaftung wurde Anklage erhoben; der Prozess gegen sie begann am 24. März 2009.

58 vom amerikanischen und türkischen Geheimdienst geliefert: Ein langjähriger Informant des amerikanischen und türkischen Geheimdienstes soll die Gruppe mit Bombenmaterial versorgt haben (siehe http://www.spiegel.de/politik/deutschland/0,1518,576682,00.html und http://www.stern.de/panorama/:Sauerland-Zelle-Mutma%DF licher-CIA-Mann-der-Chef/653678.html).

59 mit Geldern des deutschen Forschungsministeriums entwickelt: Die Bundesregierung fördert die Entwicklung der »Nacktscanner«-Technik mit 29 Millionen Euro (siehe http://www.heise.de/tp/r4/artikel/29/29010/1.html).

Sechstes Kapitel: Wer kann in die Zukunft sehen?

61 sie streben zunehmend nach Prävention: Während Pressevertreter und Politiker den Begriff der Prävention oftmals im allgemeinen Sinne des Wortes als vorbeugende Maßnahme zur Vergrößerung der Sicherheit verwenden, hat er im Polizeirecht eigentlich eine spezifische Bedeutung. Informationen dazu auf http://www.rechtslexikon-online.de/Polizeitaetigkeit_praeventive.html

62 einer terroristischen Vereinigung beitritt: Ein Gesetz, das u.a. auch den Besuch von sogenannten terroristischen Ausbildungslagern unter Strafe stellen soll, ist derzeit in Vorbereitung und umstritten.

62 Ideen oder Pläne: Das deutsche Strafrecht verlangt immer auch einen äußeren Tatbestand, also ein konkretes Verhalten. Ein »Gesinnungsstrafrecht« existiert nicht.

63 monatlich kommen 20000 Personen hinzu: Siehe http://www.taz.de/1/politik/amerika/artikel/1/george-bushs-lange-liste / und http://www.aclu.org/privacy/spying/watchlistcounter.html

64 zum Islam konvertierte Deutsche waren: Siehe http://www.wdr.de/themen/panorama/terror/festnahmen_geplanter_anschlag/index.jhtml und http://www.zeit.de/online/2008/36/sauerland-terroristen

66 zu den Fällen Kurnaz: Murat Kurnaz ist ein in Deutschland geborener türkischer Staatsbürger, der von Januar 2002 bis August 2006 im Gefangenenlager Guantánamo festgehalten wurde. Zwei parlamentarische Untersuchungsausschüsse prüften bzw. prüfen, ob Kurnaz durch Bundeswehrangehörige misshandelt wurde und ob es die deut-

sche Regierung im Jahr 2002 versäumt hat, seine Freilassung zu erwirken.

66 al-Masri: Khaled al-Masri ist ein deutscher Staatsbürger, der 2003/04 als »Terrorverdächtiger« von der CIA entführt wurde. Ein Untersuchungsausschuss sollte die Beteiligung deutscher Behörden an der Affäre überprüfen.

66 schlechthin unangemessen ist: In seinem Beitrag »Bürgerstrafrecht und Feindstrafrecht« in Heft 3/2004 der HRRS Online-Zeitschrift für Höchstrichterliche Rechtsprechung im Strafrecht auf S. 92 (siehe http://www.hrr-strafrecht.de/hrr/archiv/04-03/index.php3?sz=6).

67 wo sechshundert »feindliche Kombattanten« festgehalten werden: Die Bagram Air Base, eine US-Militärbasis, liegt im Nordosten Afghanistans. Im dortigen Internierungslager befinden sich mehr als doppelt so viele Gefangene wie in Guantánamo (siehe http://www.spiegel.de/politik/ausland/0,1518,609135,00.html). Im Gegensatz zu Guantánamo hat sich nach Amtsantritt von Obama für die Häftlinge in Bagram nichts geändert – sie sind weiterhin völlig rechtlos (siehe http://www.nytimes.com/2009/02/22/washington/22bagram.html?_r=1&scp=1&sq=obama%20bagram&st=cse).

Siebtes Kapitel: Warum lassen wir uns das gefallen?

74 abgeschafft werden könnte: Das regelt die sogenannte »Ewigkeitsklausel« in Art. 79 Abs. 3 Grundgesetz.

74 eine Ausnahme vom Folterverbot machen müsste: Seit der Entführung des elfjährigen Jakob von Metzler im September 2002 diskutieren Juristen, aber auch Politiker über mögliche Grenzen des Folterverbots (siehe z.B. http://www.akweb.de/ak_s/ak491/38.htm, http://www.heise.de/tp/r4/artikel/25/25959/1.html und http://www.zeit.de/2004/51/Essay_Daschner).

74 vollziehen solche Ausnahmen bereits: Z.B. die USA (siehe http://www.heise.de/tp/r4/artikel/25/25781/1.html und http://www.zeit.de/2008/08/USA-Folter).

74 die durch Folterpraktiken gewonnenen Informationen verwerten: Einige Vertreter der Bundesregierung setzen sich dafür ein, zur Informationsgewinnung im Kampf gegen den Terrorismus auch die Zusammenarbeit mit Nachrichtendiensten zu pflegen, die menschenrechtswidrige Methoden nutzen. (Siehe http://files.institut-fuer-menschenrechte.de/488/d63_v1_file_4641e705b1a84_IUS-032_S_Terror3_ND1_RZ_WEB.pdf S. 46. Darin: »Bundesinnenminister Wolfgang Schäuble betonte, es sei unverantwortlich, Informationen, bei

denen man lediglich nicht sicher sein könne, dass sie unter rechtsstaatlichen Bedingungen erlangt worden seien, generell nicht zu verwenden. [...] Der bayerische Innenminister Günther Beckstein bekannte sich zwar dazu, dass der Einsatz von Folter zur Strafverfolgung ein absolutes Tabu sei, pflichtete dem Bundesinnenminister aber darin bei, dass zur Gefahrenabwehr relevante Informationen von dritter Seite genutzt werden müssten – und zwar unabhängig davon, wie diese Informationen zustande gekommen seien.«)

Achtes Kapitel: Angst sells

75 die täglich an Malaria sterben: Siehe http://www.rp-online.de/public/article/wissen/gesundheit/560/Laut-Bericht-von-WHO-und-UNICEF.html

75 titelt etwa der FOCUS: Heft 6/2009.

77 von 680 faustdicken Verwendungen: Die Angaben ergeben sich aus eigener Zählung in den Archiven der *taz* bzw. *NZZ*.

79 »Britische Polizei fürchtet Öko-Terroristen«: Siehe http://derstandard.at/Text/?id=1226250788071

79 Im folgenden Bericht wird der Observer: Dieser hatte unter dem Titel »Police warn of growing threat from eco-terrorists« am 9. November 2008 berichtet; der Observer stellt den Originalartikel online nicht zur Verfügung (siehe daher http://www.earthfirst.org.uk/actionreports/node/21769).

79 die Organisation Earth First!: Zur Organisation selbst siehe http://www.earthfirst.org/. Zu den Vorgängen siehe http://www.monbiot.com/archives/2008/12/23/the-paranoia-squad/

80 seit geraumer Zeit von »Öko-Terrorismus«: Siehe z.B. http://www.sueddeutsche.de/wissen/925/435672/text/

80 Verdächtigungen nicht belegen wollte: Siehe http://www.guardian.co.uk/commentisfree/2008/nov/23/readers-editor-climate-change

80 vor weiteren Gefahren: So setzte z.B. der SPIEGEL in den vergangenen acht Jahren folgende Titelzeilen auf sein Cover: »Krieg der Welten – Bin Ladens Schläfer. In Afghanistan trainiert, als Asylanten in Europa« (42/2001), »Terror gegen Touristen – Bin Ladens deutsches Netzwerk« (17/2002), »›... wenn du mir den Tod befiehlst‹ – Al-Qaida-Basis Deutschland« (13/2004), »Strategie Massenmord – Die Al-Qaida-Offensive fünf Jahre nach dem 11. September 2001« (33/2006), »Der Koran – Das mächtigste Buch der Welt« (52/2007), »Terror-Basis Pakistan – Bin Ladens deutsche Jünger« (38/2007), »Der Preis der Angst – wie der Terrorismus den Rechtsstaat in Be-

drängnis bringt« (28/2007), »Mekka Deutschland – Die stille Islamisierung« (13/2007).

81 vorbildlich recherchierten Journalismus: Z.B. der SPIEGEL (siehe http://www.spiegel.de/netzwelt/tech/0,1518,587219,00.html).

Neuntes Kapitel: Denn Sie wissen nicht, was sie tun

84 und Internet mitschneiden zu können: Dieses und die folgenden Beispiele zur weiteren Ausgestaltung der Überwachungsgesellschaft aus: Anne-Catherine Simon, Thomas Simon: Ausgespäht und abgespeichert, auf den Seiten 175, 184, 72, 221.

85 Sympathie für sogenannte Rechte dieser Art: Kammerer, Bilder der Überwachung, S. 43.

85 aber der Staat es nicht nutzt: In einer Rede zum Thema Überwachung auf einer Wahlkampfveranstaltung in Osnabrück im Januar 2008 (siehe http://udovetter.de/lawblog/merkel_os.mp3 und http://freiheitblog.wordpress.com/2008/01/22/machbarkeitsprinzip/).

86 gegen die Vorratsdatenspeicherung: Siehe http://www.gruene.de/cms/default/dok/263/263624.vorratsdatenspeicherung_stoppen.htm

86 den »Großen Lauschangriff«: Siehe http://www.gruene.de/cms/default/dok/229/229680.innenminister_auf_abwegen.htm

86 am »Großen Lauschangriff« keinen Gefallen: Siehe http://archiv2007.sozialisten.de/presse/presseerklaerungen/view_html/zid15249/bs1/n26

86 gegen die Steueridentifikationsnummer: Die auch TIN (Tax Identification Number) genannte Steueridentifikationsnummer ist eine bundeseinheitliche und dauerhafte Identifikationsnummer von in Deutschland gemeldeten Bürgern. Sie wird den Menschen bei der Geburt zugeteilt. Ihre Konformität mit der Verfassung ist umstritten.

87 die Einführung des biometrischen Personalausweises: Siehe http://www.heise.de/newsticker/FDP-will-biometrische-Daten-auf-dem-Ausweis--/meldung/21893

87 als »weiteren Schritt in die Totalüberwachung« bezeichnete: Siehe http://www.fdp-fraktion.de/webcom/show_article_neu.php/_c-334/_nr-1345/i.html

87 um die bereits vorhandenen Befugnisse erfolgversprechend zu nutzen: Siehe z.B. http://www.heise.de/security/Kripo-warnt-vor-rechtsfreiem-Cyberspace-/news/meldung/122375 und http://www.spiegel.de/politik/deutschland/0,1518,165964,00.html

88 eine Mail dafür ein Beispiel sein: In einer Diskussion zur Online-Durchsuchung nach Bekanntwerden von Details, wie das Innenminis-

terium diese gestalten will; der Deutschlandfunk verwendete das Zitat in einem am 30. August 2007 gesendeten Beitrag (siehe http://www.tagesschau.de/multimedia/audio/audio5648.html ab 2:05 und http://netzpolitik.org/2007/messer-gabel-bundestrojaner/).

89 ein Online-Experte wäre: In der Bundespressekonferenz vom 15. Mai 2007 (siehe http://www.netzpolitik.org/wp-upload/schaueble_onlinedurchsuchung.mp3).

89 welche Instrumente sie eigentlich fordern: In einem Interview mit der *Welt* erklärte Schäuble, von der Technik nicht so viel wie von der Verfassung zu verstehen (siehe http://wolfgang-schaeuble.de/fileadmin/user_upload/PDF/070415wams.pdf); in der Bundespressekonferenz vom 15. Mai 2007 geriet er in Erklärungsnöte bezüglich der Funktionsweise der Online-Durchsuchung (siehe http://www.netzpolitik.org/wp-upload/schaueble_onlinedurchsuchung.mp3 und http://netzpolitik.org/2007/schaeuble-stoibert-ueber-die-online-durchsuchung/); und in einem Interview mit dem Deutschlandfunk sagte er: »Ich bin kein Experte, und ich weiß auch gar nicht, ob es so furchtbar zielführend ist, dass man jede Ermittlungsmethodik der Sicherheitsbehörden breit diskutiert« (siehe http://www.dradio.de/dlf/sendungen/idw_dlf/675438/).

89 ihre kriminelle Handlung vorbereiten: Dieses und die folgenden Zitate von Ziercke stammen aus einem Interview mit Deutschlandradio Kultur am 6. Februar 2007 (siehe http://www.dradio.de/dkultur/sendungen/interview/590511/).

90 Liste von Domains: Siehe http://ccc.de/updates/2009/filter-pm?language=en

91 brauchen wir mehr Überwachung: In einem Video-Podcast der Kanzlerin vom November 2006 (siehe http://www.heise.de/newsticker/Merkel-plaediert-fuer-mehr-Ueberwachung-trotz-hoher-Sicherheit--/meldung/80901).

91 (Pofalla, Merkel, Beckstein): In seinem Weihnachtsbrief 2007 schrieb der CDU-Generalsekretär: »Terrorismus muss konsequent und mit aller Entschiedenheit bekämpft werden. Die CDU wird nicht zulassen, dass in Deutschland rechtsfreie Räume existieren, in denen Terroristen unbehelligt agieren und Anschläge vorbereiten können. Deshalb treten wir dafür ein, dass auf einer soliden rechtlichen Grundlage Online-Durchsuchungen möglich werden« (siehe http://www.cdu.dearchiv/2370_21759.htm). Zu Merkel und Beckstein vgl. z.B. http://www.chip.de/news/CDU-Deutsche-Internet-Politik-ist-nicht-erfolgreich_34145520.html bzw. http://www.taz.de/nc/1/archiv/digitaz/artikel/?ressort=me&dig=2008%2F01%2F04%2Fa0117&src=GI&cHash=0a4540c339

92 die muss man einfach machen: In einer Rede zum Thema Videoüberwachung im Berliner Wahlkampf 2006 auf dem Kranoldplatz in Berlin-Steglitz (siehe http://textundblog.de/?p=1999#footnote_1_1999 ab 0:27).

92 meine Damen und Herren: In der gleichen Rede (siehe http://textundblog.de/?p=1999#footnote_1_1999 ab 0:36).

92 nennen es die Briten: Das für die Verfolgung des Anti-Social-Behaviour (»ASB«) zuständige »Home Office« versteht darunter u.a. »halbstarkes Verhalten«, »aggressives Betteln«, das Zünden von Feuerwerkskörpern spät am Abend und Trinken auf der Straße (siehe http://www.homeoffice.gov.uk/anti-social-behaviour/what-is-asb/).

92 mit allerlei grotesken Mitteln: Z.B. sind in der Kleinstadt Middlesbrough öffentliche Videokameras seit 2006 teilweise mit Lautsprechern kombiniert, über die Missetäter von der Kontrollstelle der Polizei für ihr »ASB« gerügt werden (siehe http://www.tagesschau.de/ausland/meldung25192.html und http://www.heise.de/tp/r4/artikel/23/23571/1.html). Kommunen wenden die Anti-Terror-Gesetze auf »ASB«-Fälle an; so werden z.B. Kameras in Nachbarschaften angebracht, um Fälle von illegalem Müllabladen aufzudecken, oder Ermittler mit Richtmikrofonen eingesetzt, um Beweisaufnahmen für die Bearbeitung von Beschwerden über zu laute Kinder oder Hunde zu liefern (siehe http://euro-police.noblogs.org/post/2008/11/03/vom-allgemeinen-nutzen-der-antiterrorgesetze).

93 Online-Durchsuchung im neuen BKA-Gesetz: Z.B. der NRW-Innenminister Ingo Wolf im Februar 2008, nachdem das Bundesverfassungsgericht das nordrhein-westfälische Gesetz zur Online-Durchsuchung gestoppt hatte (siehe http://www.ksta.de/html/artikel/1203599318824.shtml), oder der Sprecher für innere Sicherheit der Grünen, Wolfgang Wieland, nach dem Urteil zur Rasterfahndung im Mai 2006 (siehe http://www.wolfgang-wieland-info.de/userspace/KAND/wwieland/BundesverfassungsgerichtsurteilRasterfahndung.pdf).

94 um es zu retten: Siehe http://www.newyorker.com/archive/2006/02/27/060227fa_fact?currentPage=1, S. 5.

95 so geschehen am 13. Dezember 2004: Es handelt sich um die Verordnung (EG) Nr. 2252/2004 des Rates über Normen für Sicherheitsmerkmale und biometrische Daten in von den Mitgliedstaaten ausgestellten Pässen und Reisedokumenten.

95 das Europäische Parlament weitgehend umgangen: Das Europäische Parlament hat zwar über die Verordnung zu den neuen ePässen mit abgestimmt, allerdings wurde ihm ein Entwurf vorgelegt, in dem die Aufnahme von Fingerabdrücken in die neuen Reisepässe nicht zwin-

gend, sondern nur optional geregelt war. Dies hätte den nationalen Gesetzgebern größere Entscheidungsräume offen gehalten. Verabschiedet wurde dann jedoch eine Verordnung, die die Mitgliedstaaten zwingt, neue Reisepässe mit Fingerabdrücken auszugeben.

95 auf der Brüsseler Anti-Terror-Agenda: Für eine Übersicht über die EU-Maßnahmen zur Terrorismusbekämpfung siehe http://europa.eu/scadplus/leg/de/s22011.htm, http://ec.europa.eu/justice_home/fsj/terrorism/strategies/fsj_terrorism_strategies_political_en.htm und http://ec.europa.eu/justice_home/fsj/terrorism/fsj_terrorism_intro_en.htm. Beispiele für die Berichterstattung zum Neuen Anti-Terror-Plan von 2007 siehe http://www.heise.de/newsticker/EU-Kommission-skizziert-neuen-Anti-Terrorplan--/meldung/95549 und http://www.zeit.de/news/artikel/2007/09/08/2373336.xml

95 Richtlinien der europäischen Innenpolitik entwickeln: Vgl. dazu http://www.heise.de/tp/r4/artikel/29/29634/1.html

95 die Defizite bei weitem nicht ausgleichen: Das EU-Parlament ist einem nationalen Parlament nicht direkt vergleichbar. Auf EU-Ebene ist das Parlament nicht der wichtigste Gesetzgeber; es besitzt auch kein Initiativrecht. Dies liegt allein bei der Kommission. Auch wenn die Kompetenzen des europäischen Parlaments in der Vergangenheit immer wieder erweitert wurden, lässt es sich noch immer am ehesten als eine Art zweiter Kammer beschreiben, als eine »Bürgerkammer«, die bei der Entscheidung über bestimmte Gesetze nur angehört wird; bei anderen muss sie zustimmen (siehe http://www.europarl.de/export/parlament/vorstellung/parlament.html).

95 unter äußerst schwierigen Bedingungen zu erlangen: Die Grundrechte sind auf EU-Ebene bislang nur ungeschrieben vorhanden und nicht direkt einklagbar.

96 EU-Entscheidungen zustande kommen, stark eingeschränkt: Zuletzt hat das Bundesverfassungsgericht im »Solange-II-Beschluss« vom 22. Oktober 1986 und im »Maastricht-Beschluss« vom 12. Oktober 1993 festgestellt: »Solange« der Rechtsschutz durch die Organe der Europäischen Gemeinschaften, insbesondere durch den Europäischen Gerichtshof, den Maßstäben der deutschen Grundrechte genüge, so dass im Regelfall keine eigene Prüfung durchgeführt werden müsse, prüft das Bundesverfassungsgericht auf EU-Recht beruhende deutsche Gesetze nur eingeschränkt.

96 was die bessere Lösung ist: Der Innenminister auf einem Symposium von sechs EU-Außenministern und dem US-Minister für Homeland Security in Werder, Brandenburg, am 1. Dezember 2007 (siehe http://www.youtube.com/watch?v=hIRFQPjT8Cc).

96 ohne richterliche Verfügung beauftragt hatte: Siehe http://www.nytimes.com/2005/12/16/politics/16program.html?_r=1&scp=2&sq=NSA&st=cse, http://www.dradio.de/aktuell/451603/

96 des Rechts der Exekutive auf Vertraulichkeit: Siehe http://www.heise.de/newsticker/US-Repraesentantenhaus-gegen-Straffreiheit-fuer-NSA-Lauschgehilfen-/meldung/99155

96 dass sie den Falschen erwischt hatten: Siehe http://www.tagesschau.de/inland/meldung96378.html

96 wegen des Schutzes von Geheiminformationen nicht möglich: Siehe http://www.sueddeutsche.de/politik/97/420859/text/ und http://www.spiegel.de/politik/ausland/0,1518,510416,00.html

97 sagt der Minister: Z.B. äußerte er sich auf dem 15. Dreikönigstreffen der Münchner CSU am 6. Januar 2008 folgendermaßen: »Nur die Sicherheitsgarantie durch den Rechtsstaat ermöglicht die Freiheit der Bürger [...]« (siehe http://www.csu-portal.de/verband/muenchen/080106SchaeubleVeranstaltung?verband=muenchen&reiter=reiter1).

97 TOR: TOR ist ein kostenloses Sicherheitstool zur Anonymisierung von Verbindungsdaten.

97 PGP: PGP (»Pretty good privacy«) ist ein bekanntes Verschlüsselungsprogramm.

Zehntes Kapitel: Vernichtet den Feind

99 psychisch und physisch gefoltert werden: Siehe http://www.guardian.co.uk/world/2007/jan/03/guantanamo.usa

99 nicht nur in Guantánamo: Neben Guantánamo und Bagram (siehe Kapitel 6) halten die USA in weiteren Internierungslagern und sogenannten »Black sites«, geheimen Gefängnissen, weitere »Terrorverdächtige« gefangen.

99 wie im Wahlkampf: Obwohl Amerikas neuer Präsident angekündigt hatte, er wolle die im Zuge des Anti-Terror-Kriegs verletzte Rechtsstaatlichkeit wiederherstellen, hält er in Bezug auf das Lager Bagram in Afghanistan an der Bush-Doktrin fest und verwehrt den dort festgehaltenen Häftlingen einen Zugang zur Justiz. Die Verhältnisse im Lager Bagram stehen jenen in Guantánamo in nichts nach. Im Dezember 2002 starben in Bagram zwei Häftlinge an Misshandlungen. Vgl. ZEIT Nr. 10 vom 26. Februar 2009.

99 von jener der Bush-Regierung: Siehe www.nytimes.com/2009/03/14/us/politics/14gitmo.html

100 zum Gehilfen an einem Massenmord werde: Dieses und weitere Zitate

von Merkel aus dem ZEIT-Artikel »Folter als Notwehr« vom 6. März 2008 (siehe http://www.zeit.de/2008/11/Folter?page=1).

100 sondern der Terrorist selbst: Merkel: »Nach allgemeinen Prinzipien der Zurechnung von Handlungen und ihren Folgen wird, was zur Abwehr eines rechtswidrigen Angriffs erforderlich ist, dem Angreifer selbst zugerechnet. Wer sich in Mordabsicht auf seinen Feind stürzt und von diesem in Notwehr getötet wird, hat sich, normativ gesprochen, buchstäblich selber umgebracht. Dieses Zurechnungsprinzip gilt aber für Notwehrhandlungen auch dann, wenn sie äußerstenfalls nur im Modus einer Folter möglich wären.«

100 im Grunde als vernünftiges Wesen »geehrt«: Siehe http://www.zeit.de/2008/12/Antwort-Folter?page=1 S. 2.

100 Waterboarding: Siehe http://www.spiegel.de/politik/ausland/0,1518,549107,00.html

101 außerhalb des Gesellschaftsvertrages: Siehe http://www.glanzundelend.de/glanzneu/depenheuer.htm

101 der Staat das Recht«: In: »Spiegelungen der Gleichheit« von Christoph Menke, S. 168.

101 wer über den Ausnahmezustand entscheidet: Aus: Politische Theologie, Band 1, Vier Kapitel zur Lehre von der Souveränität, 1922, S. 1.

102 Hans Frank: Deutsche Richterzeitung 1935, S. 313ff., 315.

104 argumentieren ausdrücklich mit dem Notwehrrecht: Auch Politiker ziehen z. B. zur Begründung eines Abschussrechts von entführten Flugzeugen gerne die »Staatsnotwehr« heran und führen dabei Artikel 35 des Grundgesetzes als Nothilfevorschrift an (z.B. Außenminister Frank-Walter Steinmeier, siehe http://www.tagesspiegel.de/zeitung/Fragen-des-Tages;art693,1894594, oder Verteidigungsminister Franz Josef Jung, siehe http://www.focus.de/politik/deutschland/deutschland-ich-wuerde-den-befehl-geben_aid_219935.html). Dieser Artikel behandelt jedoch Amtshilfe und legt keine Grundlage für eine »Staatsnotwehr«.

104 Staatsnotwehr: Er tat dies in der Schrift »Der Führer schützt das Recht« (in: *Deutsche Juristenzeitung* 1934), einer formaljuristischen Rechtfertigung der Morde (siehe http://delete129a.blogsport.de/2007/09/19/aamazone-uebergesetzliche-staatsnotwehr-a-eine-deutsche-tradition/).

105 und salonfähig gemacht: So bezieht sich beispielsweise Otto Depenheuer ausdrücklich auf die Ideen von Carl Schmitt.

105 als bloße »Drapierungen«: Dieses und die folgenden Zitate von Otto Depenheuer aus »Selbstbehauptung des Rechtsstaates«, Paderborn 2007, S. 7, 55, 67f., 101, 72, 77, 22.

105 Feinde ehrt und vernichtet man: Aus: Otto Depenheuer, Selbstbehauptung des Rechtsstaates. Paderborn 2007, S. 64.

105 »rechtsstaatlich domestizierte«: Aus: Otto Depenheuer, Selbstbehauptung des Rechtsstaates. Paderborn 2007, S. 72.

105 Otto Schily: Otto Schily im Deutschen Bundestag (siehe http://www.spiegel.de/politik/deutschland/0,1518,381943,00.html).

107 den aktuellen Stand der Diskussion: In einem Gespräch mit der ZEIT (Nr. 30/2007) gab er auf die Frage, »ob der Rechtsstaat im Kampf gegen den Terrorismus bis an seine Grenzen oder Stichwort Guantánamo gar darüber hinausgehen müsse«, die indirekte Antwort, Depenheuers Buch »Selbstbehauptung des Rechtsstaats« sei seine Nachtlektüre (siehe http://www.zeit.de/2007/33/Schaeubles_Nachtlektuere).

107 ohne viel Federlesens gehenkt werden: Siehe http://www.amnesty.de/presse/2008/10/13/saudi-arabien-toedliche-diskriminierung und http://www.amnesty.de/files/SaudiArabien1008.pdf

108 Böses mit Bösem bekämpfen: Im Englischen: »Fight fire with fire« (siehe http://www.globalpolicy.org/empire/terrorwar/analysis/2004/0725lesserevil.htm).

Elftes Kapitel: Wozu das alles? oder: Videoaufnahmen bestätigen die Regel

112 Think-Tank: Die RAND (für *Research And Development*) Corporation, die 1948 gegründet wurde und etwa 1600 Mitarbeiter hat, ist offiziell eine Non-Profit-Organisation, die »durch Forschung und Analyse politische Strategien und Entscheidungsprozesse verbessern« möchte und sowohl für die US-Regierung als auch für die Wirtschaft tätig ist. Aus ihrer Gründungsgeschichte heraus (die Corporation entstand aus dem 1946 als beratender Think-Tank für das US-Militär gegründeten Projekt RAND) ergibt sich eine Nähe zum Militär, zu den Geheimdiensten und zur Rüstungsindustrie.

112 Networks and Netwars: John Arquilla und David F. Ronfeldt: Networks and Netwars. The Future of Terror, Crime and Militancy. RAND Corporation, 2001 (siehe http://www.rand.org/publications/news/releases/netwars.html und http://www.rand.org/pubs/monograph_reports/MR1382/).

112 soziale Bewegungen und Raubkopierer gemeint: Siehe http://www.rand.org/pubs/monograph_reports/MR1382/MR1382.pref.pdf. Vgl. dazu auch die neue Studie des RAND-Instituts, http://www.heise.de/newsticker/Von-Filmkopierern-organisiertem-Verbrechen-und-Terro risten--/meldung/134164

112 nach Artikel 5 des Nordatlantikvertrages aus: Siehe http://www.welt.de/print-welt/article479260/Nato_ruft_Buendnisfall_aus.html und http://www.spiegel.de/politik/ausland/0,1518,156928,00.html

112 a Grand Strategy for an Uncertain World: Der komplette Text des Papiers unter http://www.csis.org/media/csis/events/080110_grand_strategy.pdf.

113 (so die NATO-Homepage): Vgl. http://www.nato.int/docu/review/2008/05/FS_HUNGRY/EN/index.htm

113 asymmetrische Antwort: Auf S. 96 des Strategiepapiers: »Nuclear weapons are the ultimate instrument of an asymmetric response – and at the same time the ultimate tool of escalation. Yet they are also more than an instrument, since they transform the nature of any conflict and widen its scope from the regional to the global. Regrettably, nuclear weapons – and with them the option of first use – are indispensable, since there is simply no realistic prospect of a nuclear-free world. [...] In sum, nuclear weapons remain indispensable, and nuclear escalation continues to remain an element of any modern strategy.«

113 wird viel von Dezentralisierung: Siehe z.B. http://www.tagesspiegel.de/politik/international/Terrorismus-Al-Qaida;art123,2347538, http://www.welt.de/politik/article910322/Rueckzug_aus_Afghanistan_waere_Gesichtsverlust.html und http://www.zeit.de/2004/38/Intern__Terrorismus?page=1 S. 2.

113 und gar virtueller Existenz zusammenfantasiert: Z.B. der Verfassungsschutzbericht von 2005: »Aktuell erscheint ›Al-Qaida‹ eher als ›virtuelle‹ Organisation, die Impulse für die jeweils Agierenden setzt, und weniger als zentral organisierte Gruppierung« (siehe http://www.bundesregierung.de/Content/DE/PeriodischerBericht/Berichte-der-Bundesregierung/2006/05/Anlagen/2006-05-22-verfassungsschutzbericht-2005,property=publicationFile.pdf, S. 205).

114 auf einmal von »al-Qaida 2.0«: Es gab z.B. Anfang Dezember 2004 in Washington eine Konferenz zum Thema »Al Qaeda 2.0: Transnational Terrorism after 9/11« (siehe http://www.thewashingtonnote.com/archives/2004/11/al_qaeda_20_the_1/); aber auch in der Presse wurde das Thema aufgegriffen (siehe z.B. http://www.usatoday.com/news/world/2005-08-07-alqaedageneration_x.htm).

114 bei uns schon längst Fuß gefasst: So titelte z.B. der SPIEGEL am 26. März 2007 »Mekka Deutschland. Die stille Islamisierung« und sprach von der »schleichenden Islamisierung in Randgebieten der Gesellschaft«, von »Parallelwelten mitten in deutschen Städten« (Leitartikel »Haben wir schon die Scharia?«).

114 fremden Einblicken verschlossen bleiben: Siehe Skript zum Internetrecht von Prof. Thomas Hoeren unter http://www.uni-muenster.de/Jura.itm/hoeren/material/Skript/skript_Januar2006.pdf

115 gegen unbequeme Demonstranten gerichtet werden: Z. B. wurden im Vorfeld des G-8-Gipfels in Heiligendamm zahlreiche Wohnungen von G-8-Gegnern durchsucht und Computer beschlagnahmt, weil man eine »terroristische Vereinigung« vermutete (siehe http://www.jura.uni-bielefeld.de/Lehrstuehle/Fisahn/Veroeffentlichungen_Vortraege/2007/Auf%20dem%20Weg%20in%20den%20Sicherheitsstaat%20Was%20Heiligendamm%20uns%20zeigt.pdf), sowie eine vorbeugende Schutzhaft von möglicherweise gewalttätigen Demonstranten diskutiert. Nach dem G-8-Gipfel in Genua 2001 wurden »als Demonstrationstäter« bekannte »verdächtige« Deutsche über mehrere Wochen hinweg inhaftiert.

115 Falun Gong: Falun Gong hat überall auf der Welt Mitglieder und betreibt ein weitverzweigtes Netz von Internetseiten, um auf die Verfolgung aufmerksam zu machen.

115 im Internet zu sperren: Siehe http://www.golem.de/0709/54680.html

115 Überwachung des Internets einzuführen: Die »Black Boxes« der Briten, vgl. dazu das zweite Kapitel. Die Folgen sind unüberschaubar: So wurden etwa ein Student und ein Universitätsmitarbeiter verhaftet, nachdem sie ein extremistisches Al-Qaida-Handbuch aus dem Internet geladen und ausgedruckt hatten. Der Student schrieb lediglich an einer Dissertation über radikale islamistische Gruppen (siehe http://www.timeshighereducation.co.uk/story.asp?sectioncode=26&storycode=402125&c=2).

115 dient der individuellen Handlungssteuerung: Siehe https://www.datenschutzzentrum.de/scoring/060404-kreditscoring.htm Absatz 2

116 Erstellung risikospezifischer Beitragssätze: Siehe http://www.berlinonline.de/berliner-zeitung/archiv/.bin/dump.fcgi/2000/1009/none/0051/index.html

116 Zahnärzte weitergegeben werden: Siehe http://www.zeit.de/2004/11/G-Schufa-Beist_9fck, http://www.swr.de/swr1/rp/tipps/alltag/-/id=446800/vv=printall/nid=446800/did=3577934/moultg/index.html und http://archiv.foebud.org/dp/docs/dp_zeit041118_rohwetter_wirWerdenTaeglichAusgespaeht.html

116 RFID-Chips: RFID-Chips (für Radio Frequency Identification, also Identifizierung mittels elektromagnetischer Wellen) ermöglichen die automatische Identifizierung und Lokalisierung von Gegenständen und Lebewesen. Die Chips werden in vielen Bereichen eingesetzt,

z.B. sind europäische ePässe, Parfümerie-Produkte, elektronische Wegfahrsperren von Autos und Skipässe mit ihnen ausgestattet (siehe Anne-Catherine Simon, Thomas Simon: Ausgespäht und abgespeichert, S. 85ff.).

116 Kundenprofile: Siehe http://www.lexexakt.de/glossar/kundenprofil.php und http://www.spiegel.de/wirtschaft/0,1518,446407,00.html

116 Name und Adresse sind 5,50 Euro wert: Die Zwickauer Meldebehörde will persönliche Daten von Bürgern auf Anfrage an politische Parteien verkaufen, die diese z.B. dafür nutzen kann, Erstwählern zielgruppenspezifische Werbung zuschicken zu können. Rechtlich möglich wird der Datenverkauf durch »Öffnungsklauseln« im sächsischen Meldegesetz (siehe http://www.freiepresse.de/NACHRICHTEN/REGIONALES/ZWICKAU/ZWICKAU/1434184.html).

116 auch mal 269 Euro kosten: Siehe http://www.topleads.de/preise.php

118 Ob bei der Telekom: Im Mai 2008 wurde bekannt, dass die Telekom Mitarbeiter, Gewerkschaftsfunktionäre und Journalisten überwachen ließ, um zu ermitteln, wer vertrauliche Informationen weitergegeben hatte.

118 Deutschen Bahn: Im Januar 2009 geriet die Deutsche Bahn in die Kritik, weil das Unternehmen mit dem Ziel der Korruptionsbekämpfung wiederholt personenbezogene Daten von 173000 Mitarbeitern mit anderen Datenbanken abgeglichen und die Überprüfung durch Detekteien veranlasst hatte.

118 ein gutes Gewissen zur Schau: Telekom-Chef René Obermann ließ verlauten, er habe keine Kenntnis von der Bespitzelung gehabt (siehe http://www.tagesschau.de/wirtschaft/telekomaffaere18.html), der ehemalige Konzernchef Kai-Uwe Ricke wies die Vorwürfe ebenfalls zurück (siehe http://www.spiegel.de/wirtschaft/0,1518,555904,00.html). Auch der damalige Bahn-Chef Hartmut Mehdorn wollte von nichts gewusst haben (siehe http://www.tagesschau.de/inland/bahn830.html). Schließlich musste er aufgrund der Affäre sein Amt aufgeben.

119 im Jahr kosten: Aus: Anne-Catherine Simon, Thomas Simon: Ausgespäht und abgespeichert, S. 143.

Epilog: Unfreie Aussichten

120 CCTV-Kameras montiert: Siehe http://www.spiegel.de/netzwelt/tech/0,1518,475232,00.html

120 für eine neue Kneipe zustimmt): Siehe http://www.guardian.co.uk/commentisfree/henryporter/2009/feb/11/police-surveillance-cctv-pubs

121 Kommunikation ihrer Bürger beschloss: Die Totalüberwachung soll mittels sogenannter »Black Boxes« durchgeführt werden, die überall im Datennetz installiert werden und E-Mail-Verkehr und Surfverhalten speichern (siehe http://www.spiegel.de/netzwelt/web/0,1518, 589094,00.html und im zweiten Kapitel).

121 dies müsse sich ändern: Siehe http://www.guardian.co.uk/uk/2009/feb/06/surveillance-freedom-peers

121 Aristocracy is making good sense: Siehe http://www.reddit.com/r/worldnews/comments/7vhdo/uk_house_of_lords_british_surveil lance_greatest/

121 In ihrem weitreichenden Gutachten: Constitution Committee/Second Report: »Surveillance: Citizens and the State« vom 19. November 2008 (siehe http://www.publications.parliament.uk/pa/ld200809/ldselect/ldconst/18/18.pdf).

122 über jeden einzelnen Bürger verschaffen soll: Vgl. http://www.accountancyage.com/computeractive/news/2236072/lords-commit tee-releases

123 RIPA: Das Gesetz vom Juli 2008 regelt die Befugnisse staatlicher Institutionen bei der Durchführung von Überwachungs-, Abhör- und Ermittlungsmaßnahmen. Es ermöglicht ihnen z. B. die geheime Überwachung der Kommunikationsaktivitäten von Privatpersonen. Das Gesetz ist stark umstritten, u. a. weil es im Verdacht steht, für die Verfolgung harmloser Vorfälle herangezogen zu werden.

123 Müll auf die Straße werfen: Siehe http://www.heise.de/tp/r4/artikel/29/29057/1.html

123 die Nachbarn belästigen könnte: Siehe http://www.spiegel.de/schul spiegel/ausland/0,1518,576790,00.html

123 außerhalb des zugewiesenen Bezirkes anmelden: Siehe http://www.dailymail.co.uk/news/article-558632/Council-spies-stalked-family-weeks-check-lived-schools-catchment-area.html

123 gegen Alltagssünder eingeleitet: Siehe http://www.telegraph.co.uk/news/uknews/2696031/Anti-terrorism-laws-used-to-spy-on-noisy-children.html

123 Straßenverkehr bedroht sieht: Siehe http://netzpolitik.org/2007/nie-wieder-falsch-parken-null-toleranz-bei-innerer-sicherheit-2/

124 im Inneren eingesetzt werden: Die Koalition einigte sich im Oktober 2008 auf eine Grundgesetzänderung, um Bundeswehreinsätze im Inneren in Ausnahmefällen zu ermöglichen (siehe http://www.heise.de/tp/blogs/8/116973). Während des G-8-Gipfels in Heiligendamm wurde dies bereits praktiziert: Die Bundeswehr nutzte ihre Kapazitäten zur »Feindabwehr«, um Lageberichte anzufertigen (siehe http://

www.jura.uni-bielefeld.de/Lehrstuehle/Fisahn/Veroeffentlichungen_Vortraege/2007/Auf%20dem%20Weg%20in%20den%20Sicherheitsstaat%20Was%20Heiligendamm%20uns%20zeigt.pdf, S. 6).

124 zentral erfasst werden können: Siehe http://www.sachsen-anhalt.de/LPSA/index.php?id=26547 und http://www.rp-online.de/public/article/beruf/arbeitswelt/466484/Lohnsteuerkarte-wird-abgeschafft.html

124 in einer Datei zusammengeführt: Siehe http://www.gemeinsamlernen.de/vile-netzwerk/Regionalgruppen/nord/projekte/koalition/demokratie/orwell

124 ständig neue Maßnahmen: http://www.heise.de/newsticker/Ist-das-heute-die-Geburtsstunde-von-Big-Brother-EU-/meldung/96826

124 ein »gesamtheitliches Konzept« zu entwickeln: Siehe http://www.gipfelsoli.org/Gipfelsoli/5535.html zum EU-Strategiepapier »Freedom, Security, Privacy – European Home Affairs in an open world«.

125 für 120000 Euro pro Stück erwerben: Siehe http://futurezone.orf.at/stories/1502463/

Die Links wurden zuletzt am 18. März 2009 überprüft.

Eine erweiterte Sammlung von Links und Anmerkungen zum vorliegenden Text findet sich auf http://juli-zeh.de/Angriff-auf-die-Freiheit/.

Textnachweis

S. 41 Motto Karl Jaspers: *Die Atombombe und die Zukunft des Menschen. Politisches Bewusstsein in unserer Zeit,* Einleitung, Anmerkung 2, S. 464. © 1957 Piper Verlag GmbH, München. Mit freundlicher Genehmigung.

S. 98 Motto Gerd Roellecke: aus: Otto Depenheuer, *Selbstbehauptung des Rechtsstaates,* S. 64. © Verlag Ferdinandt Schöningh GmbH & Co KG, Paderborn 2007. Mit freundlicher Genehmigung.